묵자·양주,
로봇이 되다

탐 철학 소설 22

묵자·양주, 로봇이 되다

초판 1쇄	2015년 6월 26일
초판 2쇄	2017년 7월 28일
지은이	김경윤
책임 편집	윤정현
마케팅	강백산, 강지연, 김가연
디자인	땡스북스 스튜디오, 유민경
표지 일러스트	박근용
펴낸이	이재일
펴낸곳	토토북

주소 04034 서울시 마포구 양화로11길 18 3층 (서교동, 원오빌딩)
전화 02-332-6255 | 팩스 02-332-6286
홈페이지 www.totobook.com | 전자우편 totobooks@hanmail.net
출판등록 2002년 5월 30일 제10-2394호
ISBN 978-89-6496-270-1 44100
ISBN 978-89-6496-136-0 44100 (세트)

● 이 책의 사용 연령은 14세 이상입니다.
● 탐은 토토북의 청소년 출판 전문 브랜드입니다.

묵자·양주,
로봇이 되다

김경윤
지음

22

탐
철학
소설

티
ㅁ

1. 로봇은 인간에 해를 가하거나, 혹은 행동을 하지 않음으로써
인간에게 해가 가도록 해서는 안 된다.
2. 로봇은 인간이 내리는 명령들에 복종해야만 하며, 단 이러한
명령들이 첫 번째 법칙에 위배될 때에는 예외로 한다.
3. 로봇은 자신의 존재를 보호해야만 하며, 단 그러한 보호가
첫 번째와 두 번째 법칙에 위배될 때에는 예외로 한다.

– 아이작 아시모프, 로봇공학 3원칙(Three Laws of Robotics)

서로 사랑하라, 서로 나누라

– 묵자

사람마다 한 터럭도 뽑지 않고,

그것이 천하를 이롭게 할 수도 없다고 여긴다면

천하가 다스려질 것이다.

– 양주

차례

1.

"묵자와 양주를 로봇으로 만들면 어떨까?"

아들에게 물었습니다.

"묵자와 양주가 누군데?"

아들이 물었습니다.

"사랑과 평화를 외쳤던 이타주의자 묵자와, 삶의 자유와 행복을 말했던 이기주의자 양주를 모른단 말이야?"

"응, 그런 건 학교에서 안 배우는데!"

헐~, 아들을 탓할 문제가 아닙니다. 알려 주면 되니까요.

2.

지금으로부터 2500년 전, 중국 전국시대에 지배자의 편이 아니라 백성의 편에서 사상을 전개한 대표적인 사람이 묵자와 양주입니다. 이 두 사람은 당시에 엄청난 인기를 누렸지만, 진시황이 천하를 통일하고 나서부터 역사에 잘 등장하지 않습니다. 묵자는 전쟁을 반대하고 사랑과 평화를 외치던 사람임에도 그는 역사에서 사라질 운명이었습니다. 양주는 권력이나 재물, 명예나 권세 따위는 다 버리고 자신의 소중한 삶을 잘 가꾸고 행복한 삶을 살라고 주장한 행복 전도사였지만, 그의 운명도 묵자와 별반 다르지 않았습니다.

동양 철학을 공부하면서 제가 가장 널리 알리고 싶었던 두 사람이지만, 철학 교과서나 윤리학 책에서는 아주 적은 분량으로 다뤄지거나 아예 외면당하는 실정이었습니다.

그래서 이번 소설에서 이 둘을 로봇으로 부활시키기로 결정했습니다. 2,500년 전의 인물이 아니라, 오히려 통일 한국이라는 미래의 로봇으로 등장시켜 이 둘이 활약하는 세상을 만들었습니다. 역사적으로는 둘 다 남자지만, 소설에서는 묵자는 블랙이라는 남자로, 양주는 레드라는 여자로 소개됩니다. 배경이 미래이다 보니 우리나라의 아름다운 미래를 그려 보는 즐거움도 누렸습니다. 2030년을 통일 원년으로 삼았습니다. 과학기술이 발달하여 위험한 핵에너지 대신 생태를 이용한 에너지를 사용하는 선진국으로 설정했습니다.

소설을 쓰다 보니 미래 사회와 관련된 다양한 주제들을 다루게 되었습니다. 로봇과 인간의 관계, 과학과 종교의 문제, 미래 에너지의 문제, 학교와 교육, 직장과 여가, 새로운 국제관계 등도 다뤘습니다. 물론 가장 크게 다룬 주제는 미래 사회와 로봇입니다. 최첨단 컴퓨터 기술과 다양한 분야에서 개발되고 있는 로봇의 윤리학이야말로 이 소설의 가장 중요한 소재입니다.

소설을 쓰면서 가장 많이 신경 쓴 부분은 미래 사회를 그럴 듯하게 그리는 것도 있었지만, 묵자와 양주의 삶을 자연스럽게 소설 속에 녹여 내는 것이었습니다. 고리타분하지 않으면서 매력적인 인물로 부활시키는 게 제 꿈이었으니까요.

3.

소설을 쓰다가 어느 정도 분량이 되면 가장 먼저 막내 아들에게 읽힙니다. 지금은 중3이 된, 요리사가 꿈인 아들입니다. 대한민국 평균 독서량(?)을 가지고 있는 아들이 읽을 수 있는 글이어야 한다는 생각 때문입니다. 아들이 원고를 읽고 나서 말을 합니다.

"재밌는데, 다음은 어떻게 돼?"

성공입니다. 다음 편을 기다린다는 말이 나에게는 천군만마입니다. 편의점에서 아들에게 음료수를 사 주며 물었습니다.

"너라면, 어떻게 사건을 이끌어 가겠니?"

"나라면 말이야~."

수다가 길어집니다. 아들과 나눈 수다를 이 소설 속에 녹였습니다. 자신감을 얻은 나는 대화도서관에서 나에게 인문학을 배우는 청소년들에게도 앞의 줄거리를 말하고 다음 줄거리가 어떻게 전개될 것 같은지 이야기해 보라고 했습니다. 아이들도 나름 자신의 상상력을 발휘해서 이야기를 풉니다. 잘 듣고 기억했다가, 소설 속에 또 녹였습니다. 글이야 혼자 쓴 것이지만, 이야기는 이렇듯 수많은 아이와 나눈 이야기의 도움을 받았습니다. 고마울 따름입니다.

4.

탐 출판사와 인연이 되어 벌써 철학소설을 세 권째 쓰고 있습니다. 쓰면서 책임감이 커집니다. 아이들이 이 책을 재밌게 읽고, 멋진 삶을 살았으면 좋겠습니다. 결국은 아는 것이 아니라 사는 것이 중요하다고 생각합니다.

글을 쓴다는 건, 삶의 중요한 마디를 만드는 것과 같습니다. 마디를 만드는 것은 인연을 만드는 것입니다. 인연을 만들려면 마음을 열고 귀를 열고 만나는 사람을 기꺼이 맞이해야 합니다. 스쳐 지나가는 바람도 시원함이 있고, 굵게 내리는 비도 장쾌함이 있습니다. 자연은 대지에 뿌리를 내리고 그 바람과 비를 맞으며 자신을 키워 갑니다. 그 자연을 닮고 싶습니다. 저는 과학의 미래도 이 자연을 얼마나 닮아 가느냐에 있다고 생각합니다.

5.

글을 쓰는 내내 책상 앞에는 아리스토텔레스의 명구를 붙여 놓았습니다.

"훌륭함이란 쓸모 있고, 감동적이며, 재미있는 것을 말한다."

그 경지에 얼마만큼 도달했는지는, 오롯이 독자들이 판단할 몫이겠지요. 저는 겸손히 이번 작품을 여러분 손에 넘깁니다. 감사합니다. 행복하십시오.

2015년 6월

자유청소년도서관에서 김경윤

강원우(45세)

북한 출신의 과학자. 통일 이후 남한 과학자 김나래와 결혼하여 신고려(2030년 통일 이후 국가 명)의 로봇과학 분야에서 세계적인 과학자가 된다. 블랙(인간 명 강현우)을 만든다.

김나래(43세)

남한 출신의 과학자. 강원우와 결혼하여 강철수를 낳는다. 남편처럼 로봇과학 분야의 대표적인 과학자다. 레드(인간 명 김주희)를 만든다.

강철수(15세)

로봇과학중학교 학생. 과학자를 부모로 둔 덕에 과학 분야에 관심을 갖고 성장한다. 삼촌 강현우(블랙)와 이모 김주희(레드)가 로봇인 줄 모르고 지내다가 부모가 납치를 당하자, 두 로봇과 부모의 구출을 위해 동분서주한다.

강현우(블랙)

'서로 사랑하라, 서로 나누라'는 춘추 전국시대의 묵자(墨子)의 사상으로 프로그램 된 제3세대 로봇. 항상 검은 옷을 입고 다니며, 주변에 있는 재료를 이용하여 뭔가 새로운 물건을 제작하는 데 소질이 있다. 불의를 참지 못하고, 어려운 사람들을 도와주는 데 늘 앞장선다.

김주희(레드)

'자신을 사랑하라, 행복을 추구하라'는 춘추 전국시대 양주(楊朱)의 사상으로 프로그램 된 제3세대 로봇. 야한 옷을 입는 것을 좋아하며, 붉은 립스틱을 바른다. 유머 감각이 뛰어나며 즐거운 분위기를 만드는 데 소질이 있다. 꽃과 포도주를 좋아한다.

미스터 Q

군산복합체 Q의 대표. 정체를 정확히 파악할 수 없는 미지의 인물. 강원우와 김나래를 납치한다. 주로 군사용 로봇을 제작하여 판매하지만 기업의 정체 역시 잘 파악되지 않는다. 휘하에 공격용 로봇을 다수 보유하고 있다. 대표적인 로봇은 A-1(assassin-A)과 T-1(terminator-1)이다.

박태수(50세)

신고려의 과학기술국 국장. 강원우와 김나래의 납치 후 이들의 구출에 힘쓴다.

그 밖에

경찰국장, 신고려 경찰들, Q의 용병들, 영지학회 사제단, 강철수의 동네 형들.

New Korea

2045년, 남한과 북한이 통일되어 신고려(New-Korea)가 된 지 15년이 흘렀다. 신고려는 새로운 강대국이 되어 미국, 중국과 어깨를 나란히 하게 되었으니, 까닭은 통일 이후에 대대적인 개혁을 했기 때문이다.

그 개혁은 첨단과학 분야의 눈부신 발전에서 시작되었다. 신고려는 안전하고 재생 가능한 에너지 개발에 힘을 쏟아, 국내의 에너지를 모두 자연 순환적 에너지로 대체했다. 태양광 에너지 분야의 신기술은 산업과 생활 분야에 적용되어 과거 원자력과 석유 에너지를 이용하던 기술을 대체했다. 그에 따라 석유산업은 사양길로 접어들었고, 석유 수입을 더 이상 하지 않게 되었다. 기술개발은 태양열에만 국한된 것이 아니었다. 조력과 풍력, 지상의 열(熱)과 생물의 열, 인간의 운동력을 에너지로 축적하고 전환하는 기술이 개발되어 산업과 생활 분야에 다양하게 적용되었다. 바야흐로 변하고 움직이는 모든 것의 움직임과 그것이 발생하는 미세한 열까지 포착하고, 축적하고, 에너지로 전환하여 이용할 수 있게 되었다. 에너지의 자립과 여유분의 축적에 따라 신고려는 에너지 수입국에서 에너지 수출국으로 전환했다. 세계의 여러 나라에서 신고려의 에너지 개발 기술에 관심을 갖게 된 것은 당연한 귀결이었다.

한편 로봇공학과 뇌과학 분야에서는 놀라운 융합이 일어났다. 인간의 신체에 로봇 기능이 결합되는 기술뿐만 아니라, 인간의 생각을 이해하고, 인간처럼 생각하고 판단하고 행동할 수 있는 최첨단 로봇이 연구되고 있었다. 그에 따라 인간과 로봇의 경계는 흐려졌다. 종교 단체에서는 신의 영역을 침범하지 말라며 하루가 멀다 하고 성명서를 발표하고 시위를 벌였다. 하지만 시민의 관심사를 얻기에는 역부족이었다. 언론 역시 종교계의 움직임을 단신으로 처리할 뿐 크게 주목하지 않았다. 오히려 언론의 관심사는 로봇의 개발이 인간 사회에 어떤 영향을 미칠 것이며, 이를 이용하여 늘어나는 범죄 행위들을 어떻게 감시하고 해결할 것인가에 쏠려 있었다. 한편 신고려의 최첨단 과학기술을 훔치려는 국제적 범죄가 늘어나면서 경찰청 관계자들은 골머리를 앓고 있었다.

그뿐만이 아니었다. 국내에서는 과거의 독점적인 이권을 누리던 귀족 세력들이 잔존했고, 이들은 과거에 축적한 재산과 남아있는 권력을 이용하여 신고려 정부를 안팎으로 위협하고 있었다. 통일 이전에 북한이 보유한 핵무기 중 일부가 폐기되지 않고 이들에게 흘러 들어갔다는 소식은, 사실이 확인되지는 않았지만 공공연한 비밀이었다.

한편 국제적으로는 새롭게 부상한 신고려에 대한 견제가 강대국들을 중심으로 이루어지고 있었다. 특히 남한과 북한에 막강한 영향력을 행사한 미국과 중국은 신고려의 등장으로 자신들의 지위가 위협당하고 있음을 정확히 간파하고 있었다. 이는 신고려 정부가 전 세계의 핵무기를 없애고 핵에너지를 친환경 에너지로 대체하려는 의사에 국제적으로 합의한다면, 신고려의 에너지 개발에 대한 최고급 정보를 무상으로 제공할 용의가 있다고 UN에 제안했을 때 극점에 달했다. 그동안 미국과 중국은 핵무기와 핵에너지를 이용하여 전 세계를 지배해 왔기 때문이다. 만약에 신고려 정부가 이들의 지배력을 약화시킬 경우, 미국이나 중국의 국제적 지위는 더 이상 손쓸 수 없을 정도로 약화될 것임은 누구나 예상하는 바였다. 유럽 국가나 아프리카 국가들, 특히 가난한 아시아 국가들은 신고려의 제안을 적극적으로 환영했다. 그러나 미국과 중국 정부는 이 제안에 일제히 침묵을 지켰다. 이들의 침묵은 그 어떠한 항변보다 분명한 입장을 드러내 보인 것이다. 신고려와 미국과 중국의 첨예한 갈등이 어떠한 형태로 드러날지 아무도 예상할 수는 없었지만, 조만간 이러한 갈등이 현실로 나타날 것은 불 보듯 뻔했다. 시간만이 진실을 보여 줄 것이다.

1

로봇과 인간

"로봇은 위험한가?"

오늘의 주제가 안경 모니터에 떠오르자, 강철수는 가상으로 떠오른 키보드에 있는 엔터키를 쳤다. 구세대 컴퓨터의 모니터와 키보드 모델은 진화했다. 모니터 역할도 하는 다목적 안경과 키보드 역할을 하는 손가락 센서가 개발되어 광범위하게 보급되었다. 신형 다목적 안경은 착용한 사람의 시력에 따라 굴절도를 조절하여 시력을 보정할 수 있을 뿐 아니라, 망원경과 현미경, 야간 투시경의 기능을 가지고 있었다. 컴퓨터의 모니터와 길을 안내하는 내비게이션 기능도 있었다.

강원우 로봇연구소장 연구실의 한편에 3D로 강좌를 신청한 학생들의 모습이 떠올랐다. 로봇과학중학교 신입생들이었다. 강원우 소장은 학생들을 쭉 훑어보았다. 구석에 아들이 있음을 확인하고 슬며시 미소를 보냈다. 수업이 시작되었음에도 학생들은 저마다 친구들과 인사하느라 바빴다.

"흐흠."

강원우 소장은 기침 소리로 주위를 집중시켰다. 학생들은 슬슬 강원우 소장에게 눈길을 돌렸다. 강원우 소장이 3D 영상기를 작동하며 강의를 시작했다. 3D 영상기에는 로봇의 역사를 알 수 있는 시대별 로봇이 떠올랐다.

"지난 시간에는 로봇의 역사에 대해서 이야기를 나눴습니다. 물리적으로 인간을 넘어서는 능력을 가지고 있는 제1세대 로봇, 인간의 이성적이고 추론적인 기능까지 가지고 있는 제2세대 로봇이 있음도 확인했지요. 이 정도에 도달하면 체스 선수와 체스를 둬서 선수를 이길 수 있고, 인간들과 경합하는 퀴즈쇼에 나가서 우승하기도 합니다. 인간의 지식 축적의 방법이 점진적이고 선택적이라면, 로봇에 적용된 기술은 동시적이고 총체적이기 때문에 인간을 넘어서는 지식을 축적하는 것은 그리 어려운 일이 아닙니다. 로봇이 이 경지에 도달하자, 사람들은 로봇의 위험성에 대해서 경고하기 시작했습니다. 언젠가는 로봇이 인간을 지배하는 사회가 오는 것이 아닐까하는 의문이 생겨나기도 했지요. 여러분은 어떻게 생각하나요?"

"로봇의 위험성에 대한 경고는 정당하다고 생각해요."

빨간 머리가 손을 들며 이야기를 했다. 학생들의 시선이 그녀에게 쏠렸다. 작은 입에 얼굴에는 주근깨가 많아 앳돼 보였다.

"과거 인간의 역사를 살펴보면 이와 유사한 사례를 발견할 수 있는데요. 노예제 사회에서 인간이 할 일을 노예가 대부분 수행하게 되자 나중에는 주인보다 유능한 노예가 많아졌지요. 결국은 노예의 반란으로 노예제 사회가 무너졌잖아요. 현재 우리는 로봇을 인간의 노예처럼 개발했지만, 로봇은 벌써 인간의 능력을 능가하는 지경에 이르렀지요. 그렇다면 역사의 교훈에 따라 인간의 미래가 암울하다고 전망하는 것이 타당할 것 같은데요."

빨간 머리의 발언에 몇몇 아이들이 고개를 끄덕였다. 그때 가죽점퍼가 손을 들고 말을 했다.

"저는 생각이 다릅니다. 노예는 인간으로서 자아의식을 가지고 있었지만, 로봇에게는 아직 그런 자아의식이 없습니다. 로봇이 갖고 있는 지식이란 인간 지식의 총화에 불과할 뿐, 인간을 넘어서는 것은 아니지요. 로봇이 인간에게 위험한 존재가 되려면 로봇이 인간과는 다른 자아의식을 형성해야 합니다. 그런데 아직은 그런 자아의식을 가지고 있는 로봇 소식을 듣지 못했습니다. 한편, 인간도 로봇의 능력을 소유하기 시작했습니다. 사실 우리가 지금 끼고 있는 안경도 인간 그 자체의 능력을 넘어선 것이지요. 우리 머리에 이식된 인공 칩 또한 마찬가지입니다. 학교가 사라진 것도 이 인공 칩 덕분이지요. 우리는 이 인공 칩으로 언제든지 우리에게 필요한 정보를 정보망에서 찾을 수 있게 되었으니까요."

가죽점퍼가 발언을 끝내자 주변에서 박수가 터져 나왔다. 빨간 머리가 다시 손을 들었으나, 강원우 소장은 손바닥을 앞으로 내밀어 진정시킨 후 가죽점퍼에게 물었다.

"그래요. 아직까지는 자아의식을 가지고 있는 로봇이 나오지는 않았지요. 그런데 만약에 그러한 로봇이 있다면 어떨까요? 인간처럼 느끼고 생각하고 행동하면서 자신을 점차적으로 발전시켜 나가는 로봇이 있다면 말이에요. 그래도 위험할까요?"

가죽점퍼는 잠시 생각하다가 이렇게 대답했다.

"글쎄요. 아직은 깊게 생각해 보지 않은 내용이라 딱 꼬집어 말할 수는 없지만, 아마도 그러한 로봇이 있다면 그 로봇과 인간과 어떻게 관계를 맺느냐에 따라 결과가 달라질 것 같아요. 인간끼리도 서로 싸우면서 원수가 되기도 하고, 친해져서 친구가 되기도 하잖아요. 그와 같지 않을까요?"

그러자 빨간 머리가 대꾸했다.

"그러면 너는 로봇을 인간처럼 사랑하고 미워하고 정들고 헤어지고 하는 뭐 그런 존재로 보는 거야?"

가죽점퍼가 대답할 겨를도 없이, 몸집이 통통한 노란 눈썹이 장난기 섞인 말투로 끼어들었다.

"나는 로봇 애인이라도 있었으면 좋겠다. 인간들하고는 도통 말이 통해야 말이지."

학생들은 박수를 치며 깔깔댔다. 수업 분위기가 화기애애해졌다.

빨간 머리도 어이가 없다는 듯이 노란 눈썹을 바라보다가 피식 웃어 버렸다. 그때 강철수가 손을 들었다. 강원우 소장은 반색했다.

"그래, 철수. 아니 강철수 학생 말해 보세요."

"소장님 말씀대로라면, 언젠가는 자아의식을 가지고 있는 로봇이 만들어질 것 같은데 그게 언제쯤일까요?"

강철수의 질문에 아이들은 눈을 반짝이며 강원우 소장을 바라보았다. 강원우 소장은 잠시 뜸을 들이다가 주위를 돌아보며 이야기했다.

"로봇과학자들은 그에 대한 논의를 오래전부터 해 왔어요. 이성과 감성, 그리고 자아의식을 가지는 로봇을 제3세대 로봇이라 말한다면, 그렇게 만들어진 로봇이 인간 사회를 바라보면서 어떻게 느낄까? 또 자아의식이 외부와 자신의 차이점에서 형성되는 것이라면 로봇에게 형성되는 자아의식은 어떻게, 어떠한 모습으로 형성될까? 인간에 의해 수동적으로 형성되는 의식이 아니라 로봇이 주체적으로 형성하는 의식은 로봇을 어떠한 방향으로 행동하게 할까? 결국은 로봇이 스스로 느끼고 생각하고 행동하게 되면 인간이 예상하거나 통제할 수 없는 상황을 만드는 것인데 그래도 괜찮을까?

과학자들은 이렇게 많은 질문을 스스로 묻고 토론하고 답을 찾으려고 했지요. 그리고 어느 정도는 답에 도달했다고 생각하는 과학자들이 생겨났어요. 그렇다면 조만간에 제3세대 로봇이 만들어지지 않을까요? 어쩌면 베타 버전의 로봇은 이미 만들어졌을지도 모를 일이지요."

소장의 발언에 아이들은 모두 와우 하며 환호성을 질렀다. 강원우 소장은 의미심장한 미소를 아이들에게 던졌다.

"오늘은 로봇의 역사를 다시 한 번 살펴보면서 미래의 로봇에 대해 이야기를 나눠 보았습니다. 어떤 학생은 로봇의 위험성에 대해서 의심의 눈초리를 거두지 않았고, 다른 학생은 미래의 로봇에 대하여 핑크빛 전망을 내놓기도 했는데요. 다음 시간에는 로봇과 과학자의 역할에 대해서 이야기하려 합니다. 이 주제는 인간의 윤리하고도 맞물려 있습니다. 만약에 과학자들이 나쁜 의도를 가지고 로봇을 만든다면 우리 사회의 위험성은 매우 높아질 것입니다. 물론 좋은 의도를 가지고 로봇을 만든다고 해도 항상 결과가 좋게 나오는 것은 아닙니다만. 어쨌든 과학자들은 최선을 다해서 인간에게 도움을 주고 인간 사회를 풍요롭게 만들도록 로봇 제작에 힘써야겠지요. 그러기 위해서는 로봇을 만드는 사람, 즉 과학자가 어떠한 사람이며, 어떤 생각과 태도를 가져야 하는지가 매우 중요하지요. 좋은 과학자란 어떤 사람일까요? 다음번에 우리가 함께 나눌 주제입니다. 다음 시간까지 충분히 조사하고 생각해 오길 기대합니다. 그럼 수업을 마치겠습니다. 즐거운 하루 되세요."

로봇연구소의 3D 영상이 꺼졌다. 강철수도 안경을 일상생활 모드로 전환하고 수업 전에 하고 있었던 미니 로봇 제작을 다시 시작했다. 빨간 머리는 머리에 심어진 인공 칩을 이용하여 인터넷 망으로 들어가 쇼핑을 했고, 가죽점퍼는 인공 칩을 오프 상태로 전환시킨 후 집 바깥에 있는 텃밭으로 향했다. 마침 방울토마토가 탐스럽게 열려 있었다. 노란 눈썹은 부쩍 늘은 몸무게를 덜기 위해 피트니스 클럽에 있는 자전거에 올라탔다. 다목적 안경의 모니터에는 노란 눈썹의 운동량이 디지털 숫자로 기록되고 있었다.

사실 인공 칩의 이식에 대해서 많은 논쟁이 있었다. 인간의 신체에 인공 칩을 삽입하는 것이 프라이버시를 침해한다는 이야기부터, 만약에 인공 칩을 원격 조정하여 인간을 조정하려 한다면 그것을 막을 수 있는 방법이 과연 있느냐 하는 이야기며, 인공 칩의 이식이 궁극적으로는 인간을 사이보그 화하여 결국 인간과 로봇의 경계가 사라지게 되는 것 아니냐는 문제제기까지 수없이 많은 논쟁이 아직도 완전히 결론을 내지 못한 채 진행되고 있었다.

2030년 남한과 북한이 통일되어 수립된 신고려 정부는 2040년에 이러한 논쟁 속에서 몇 가지 조치를 취했다. 인공 칩의 이식은 완전히 개인의 자발성에 의해서 이루어질 것이며, 인공 칩이 이식되었다고 하더라도 오프 상태를 유지하고 싶을 때에는 언제든지 그렇게 할 수 있고, 인공 칩을 사용하다가 제거하고 싶은 사람이 있을 경우에는 언제든지 조건 없이 제거할 수 있도록 했다. 그리고 인공 칩의 제작과 보안 문제는 정부 산하 과학기술국의 철저한 통제 하에서 이루어진다는 내용이었다. 인공 칩은 컴퓨터의 역할과 두뇌의 보조기억장치의 역할을 수행했다. 인공 칩을 이용하면 초고속으로 인터넷상의 빅 데이터들을 검색할 수 있었고, 기억하고 싶은 정보들을 축적하여 언제든지 사용할 수 있었다. 이러한 인공 칩의 이식에 대해 청소년과 청년층은 대대적인 지지를 보냈지만, 중장년층과 노년층은 많은 수가 회의적이었다. 그래서 인공 칩 정책이 실시된 지 5년이 지났지만 아직도 인공 칩을 이식하지 않은 인구가 40%에 달했다.

인공 칩의 이식 이후 전통적인 학교의 개념이 변했다. 교육을 받는다는 차원의 학교는 있지만 '학교'라는 건물은 없어졌다. 학생들은 일상생활을 하다가 자신이 신청한 강의 시간이 되면 어느 곳에서든 가상 강의실로 갈 수 있었다. 자신이 원하면 무슨 강의든지 들을 수 있고, 어떤 분야든 지식이나 기술을 가지고 있는 사람들은 현실에서든 가상공간에서든 강좌를 개설할 수 있었다. 연구직이나 기술직 공무원들은 반드시 강좌를 개설하여 자신의 능력과 성과를 공유해야 했다. 학력도 학벌도 서열도 없었다. 오직 자기 개발과 능력 향상만이 배움의 목표였다.

레드와 블랙의
탄생

"여보, 고마워요. 건강한 아들을 낳아 줘서."

강원우의 눈에 눈물이 고였다. 김나래는 갓 태어난 아들을 품에 안고 남편을 바라보며 웃음을 지었다.

"우리가 결혼하게 될지도 몰랐지만, 결혼한 해에 아들까지 낳았으니 정말 우리는 축복받은 부부인가 봐요."

김나래는 강보에 쌓인 아들을 강원우에게 넘겼다. 강원우는 감격스런 눈빛으로 아들을 받아 안으며 아내에게 말했다.

"아이 이름을 뭐라고 지을까요? 통일된 해에 태어났으니 통일이라고 지을까요?"

김나래는 빙긋이 웃으며 말했다.

"올해 태어난 아이들 중에서 통일이라는 이름이 가장 많대요. 저는 그렇게 부담스런 이름을 지어 주고 싶지는 않아요."

강원우는 멋쩍게 웃었다.

"아, 그렇지. 그럼 뭐라 지을까요?"

"가장 평범한 이름을 지었으면 좋겠어요. 부르기 쉽고 건강하게 자랄 수 있는 이름으로요."

"그럼 철수가 어떻소? 강철처럼 튼튼하게 자라라고 말이오."

"철수요? 누가 로봇과학자가 아니랄까 봐. 하지만 철수란 이름은 마음에 들어요. 부르기도 쉽고 찬성이에요."

2030년은 남한과 북한이 통일된 원년이자 통일국가인 신고려가 탄생한 해였다. 그리고 북한의 과학자인 강원우와 남한의 과학자인 김나래가 결혼하여 강철수를 낳은 해이기도 하다. 비록 2030년에 통일이 되긴 했지만 통일의 기운은 2025년부터 있었다. 북한에 민주 정권이 들어선 후, 남북한 정부는 정전협정을 평화협정으로 바꾸고 대대적으로 군비축소를 하고 교류를 이어갔다. 양국 간의 군비축소로 인해 경제발전은 세계적인 흐름을 역행할 정도로 급속도로 진행되었으며, 문화 교류와 학문 교류, 경제 교류뿐만 아니라 과학 분야의 교류도 급물살을 탔다. 2027년에는 남북 간의 자유왕래가 허용되면서 남한과 북한을 잇는 초고속 철도와 고속도로가 이어져, 중국을 넘어 유럽에 이르기까지 육로가 열렸다. 남북한 학생들은 정부의 보조 아래 수학여행을 유럽까지 자유롭게 갈 수 있게 되었다. 바로 그 시점에 남한의 과학자 김나래는 북한의 김일성대학에 세워진 남북한공동로봇연구소에 남한 대표 과학자로 파견되어 강원우를 다시 만났다. 그들은 학창 시절 미국의 MIT에서 로봇을 연구하는 학생으로 만나 사랑하는 사이가 되었지만, 분단국의 현실로 서로 헤어져 있다가 남북한이 공동으로 로봇을 연구하는 기회가 생겼을 때, 이를 놓치지 않았던 것이다. 김나래가 굳이 북한으로 자신을 파견해 달라고 강하게 요청한 이유도 바로 강원우 때문이었다. 둘이 다시 만나면서 둘 사이의 관계는 걷잡을 수 없이 가까워졌다. 그 결실이 통일과 더불어 찾아왔으니, 그것이 바로 강철수의 탄생이었다.

"여보, 내가 말이오. 우리 아이에게 선물을 하나 하려고 해요."

강원우가 얼굴을 붉히며 속삭였다.

"저도 아이가 태어나면 선물하고 싶었던 것이 있었는데, 그럼 우리 동시에 말해 볼까요?"

둘은 서로를 빙긋이 쳐다보며 셋을 헤아리면 동시에 말하기로 했다.

"하나, 둘, 셋! 로봇!"

둘은 서로의 의견이 같다는 것을 확인하고 손뼉 치며 좋아했다.

"어쩌면 당신 생각과 내 생각이 이렇게 똑같소. 역시 연구하며 지낸 분야가 같아서인지 찰떡궁합이구려."

강원우가 껄껄 웃으며 말하자, 김나래가 물었다.

"어떤 로봇을 선물하고 싶은데요?"

"이미 오래전부터 기획해 온 로봇이 있는데, 모델은 중국 전국시대의 묵자를 본떠서 이타적인 로봇을 만들어 주려구요. 당신과 나나 형제자매 하나 없이 자라난 외동딸, 외동아들 아니오. 그러니 철수에게 근사한 삼촌 같은 로봇을 만들어 주고 싶소."

"왜 하필 묵자예요?"

"전국시대 묵자라는 인물은 '서로 사랑하고 서로 나누라'[1]는 정신에 입각해서 활동했어요. 그리고 전쟁에도 반대하는 평화주의자로 약한 자들을 위해서 평생을 바친 사람이라오. 나는 미래의 로봇이 바로 그러한 묵자의 정신을 이어 가야 한다고 생각해요. 우리 철수도 그런 정신으로 살게 하고 싶어요."

김나래는 강원우의 말을 곰곰 듣다가 입을 열었다.

"저는 다른 로봇을 생각했는데요. 저도 모델은 전국시대 사상가를 따랐어요. 제 모델은 양주예요."

"양주? 그 이기적인 사상가 말이오?"

"그래요, 맞아요. 양주요."

"의외인걸. 인간을 위해서 열심히 일하는 로봇을 만드는 사람이 어떻게 양주 로봇을 만들겠다는 생각을 했소?"

"그래요. 얼핏 보면 양주는 우리 과학자들의 정신과 다를 것 같지만 그것은 양주를 깊이 이해하지 못했기 때문이라고 생각해요."

"도대체 양주의 어떤 점이 마음에 들었소?"

"당신 말마따나 겉으로 드러난 양주를 평가하면 이기적인 사람 맞아요. 하지만 꼭 이기적인 면만 있지는 않은 것 같아요. 양주의 말 중에 이런 말이 있잖아요. '사람마다 한 터럭도 뽑지 않고, 그것이 천하를 이롭게 할 수도 없다고 여긴다면 천하가 다스려질 것이다.[2]' 이 말을 곰곰이 생각해 보면, 남을 위해서 희생하는 사람이 많은 사회보다는 자신의 행복을 위해서 최선을 다하는 사람이 많을 때 오히려 사회가 바람직한 방향으로 갈 것 같아요. 당신도 아시다시피 과거 우리의 역사를 보면 독재정치를 한 사람들이 오히려 국민에게 희생을 강요하고, 국민의 자유롭고 평등한 삶과 행복을 추구하는 삶을 짓밟았잖아요. 그때 국민들이 저항하여 자유롭고 평등한 세상을 위해서 싸웠구요. 그렇게 해서 만들어진 나라가 바로 우리가 살고 있는 통일 신고려지요. 그럼 이제부터 국민들은 남을 위해서 자신을 희생하는 삶이 아니라, 저마다 행복하려고 노력하는 삶이 필요하다고 생각해요. 그런 점에서 오늘날 우리에게 필요한 모델은 양주 같은 사람이지요. 저는 양주 로봇을 만들어 철수에게 선물할 거예요. 당신이 삼촌을 만든다고 했으니, 나는 이모를 만들면 되겠네요. 어때요?"

강원우는 아내의 이야기를 듣고 고개를 천천히 끄덕였다.

"당신이 이야기를 듣고 보니 그도 괜찮은 생각이네요. 그럼 우리 이렇게 합시다. 당신은 양주 로봇을 만들어 철수에게 이모를 선물하고, 나는 묵자 로봇을 만들어 삼촌을 선물하는 것으로. 한쪽만 강조

하는 게 아니라 양자의 장점과 단점을 서로 보완할 수 있을 것 같은
데."

김나래는 씩 웃으며 손가락으로 동그라미를 그렸다.

"철수에게 삼촌과 이모가 동시에 생기게 됐네요. 아마도 철수는
삼촌보다는 이모를 더 따를 것 같은데요."

그러자 강원우는 주먹을 쥐어 보였다.

"길고 짧은 건 대 봐야 아는 법이오. 당신 각오해야 할 걸."

김나래는 픽 웃으며 강원우의 주먹에 자신의 주먹을 부딪쳤다.
아기 철수는 부모가 무슨 말을 주고받는지 아랑곳하지 않고 쌕쌕 거
리며 평화롭게 잠을 자고 있었다.

이렇게 해서 만들어진 제3세대 로봇이 묵자 로봇 블랙(강현우)과 양
주 로봇 레드(김주희)였다. 이 두 로봇의 제작은 비밀리에 진행되었기
때문에 국가의 최고위층만이 그 존재를 알고 있었다.

블랙은 말 그대로 항상 검은 옷을 입고 다녔고, 주변의 재료를
이용하여 뭔가 새로운 물건을 발명하기 좋아했다. 전투형 로봇으로
만들어졌으나 공격형 로봇이 아니라 철저히 방어형 로봇으로 제작되
었기 때문에 겉으로 보기에는 뚱뚱하고 털 많은 괴짜 발명가 아저씨
처럼 보였다. 철수가 자라면서 철수의 장난감을 만들어 주고 철수의
보디가드 역할을 도맡아 하는 삼촌이 되었다.

그에 비해 레드는 슈퍼모델급 몸매를 자랑하는 아름다운 여인의 모습이었다. 평소에 야하게 치장하기를 좋아해서 주변의 눈총을 받곤 했다. 새빨간 립스틱을 바르는 것도 레드의 특징이라면 특징이었다. 아름다운 것은 무엇이든 가지려고 하고 특히 꽃을 좋아했다. 재미난 이야기를 하기 좋아하고, 유머 감각이 뛰어나 철수의 친근한 말벗이 되어 주었다.

그런데 블랙과 레드는 서로 만나기만 하면 쥐와 고양이처럼 싸워 댔다. 싸우면 매번 이기는 것은 레드였는데, 덩치 큰 블랙이 힘없어 보이는 레드에게 번번이 당하는 모습은 항상 집안에 웃음을 주었다. 그렇게 철수네 집안은 다섯이서 살게 되었다.

[1] 겸상애 교상리(兼相愛 交相利) : 두루 서로 사랑하고, 오가며 서로 이롭게 한다. - 《묵자》, 〈겸애〉 15장 중에서.
[2] 《열자(列子)》, 〈양주〉편 11장.

3

드론 동아리

철수가 유치원에 다니던 때다. 철수가 유치원을 마치고 시무룩한 표정으로 집에 돌아왔다. 철수 부모는 미국으로 세미나를 갔기 때문에 집에는 블랙과 레드만 있었다. 마당에서 개집을 만들던 블랙이 철수의 표정을 살피고는 철수에게 물었다.

"철수야, 어째 표정이 안 좋다. 유치원에서 무슨 일 있었어?"

철수는 블랙의 물음에도 대꾸하지 않고 고개를 숙이고 집 안으로 들어갔다. 블랙은 철수를 따라 들어왔다. 집 안에서는 레드가 철수에게 주려고 간식을 만들고 있었다.

"철수 왔구나, 오늘 유치원은 재밌었어? 뭐 하고 놀았어?"

레드의 질문에도 철수는 대꾸하지 않은 채 자기 방으로 들어가 버렸다. 이 모습을 지켜본 레드는 블랙을 향해 얼굴을 돌렸다. 무슨 일이냐고 묻는 표정이었다. 블랙은 레드를 향해 어깨를 으쓱했다. 뭔 일인지 모르는 건 매한가지였다.

"블랙, 네가 철수를 놀린 거야? 애 표정이 왜 저래?"

레드가 블랙을 쳐다보며 쏘아붙였다.

"놀리긴 내가 뭘? 들어올 때부터 표정이 안 좋았다니까."

블랙은 억울하다는 듯이 대꾸했다.

"그러니까 내가 철수 끝나는 시간에 맞춰 유치원에 가 보라고 했지."

"나도 바빴다니까. 마당에서 개집 만들고 있었잖아."

"개집이 중요해, 철수가 중요해?"

레드는 말도 안 되는 트집으로 블랙을 몰아붙였다. 그러고는 블랙이 대답도 하기 전에, 간식을 손에 들고 철수 방으로 들어갔다. 블랙은 철수 방문에 대고 귀를 기울였다. 방에서는 철수가 울고 있었다. 레드가 철수에게 뭐라 그러는 것 같기는 한데, 철수 울음소리에 섞여 잘 들리지 않았다. 시간이 좀 지나자 갑작스럽게 방문이 활짝 열렸다. 블랙이 놀라서 쳐다보니, 레드가 화가 난 표정으로 자신을 쏘아보고 있었다. 블랙은 잘못한 것도 없는데 뭔가 들킨 사람처럼 레드를 바라보며 물었다.

"철수가 왜 우는 거야?"

"돌아오는 길에 동네 형들에게 장난감을 빼앗겼대."

레드는 블랙을 향해 소리 질렀다.

"장난감이야 다시 만들어 주면 되지. 뭘 그런 걸 갖고 울어?"

블랙은 엉겁결에 말해 버렸다. 그러자 레드는 더욱 화난 표정이 되었다.

"그걸 말이라고 해, 지금? 그게 삼촌이 할 소리야? 어서 가서 장난감 빼앗은 놈들 혼내 주고 찾아오란 말이야!"

블랙은 갑자기 기가 죽어 철수를 바라보았다. 철수의 얼굴에는 아직도 눈물이 흐르고 있었다.

블랙은 철수의 손을 잡고 집밖으로 나섰다. 철수에게 장난감을 어디에서 빼앗겼느냐고 묻자 철수는 울음 섞인 목소리로 놀이터에서 빼앗겼다고 말했다. 놀이터에 도착하니 철수보다 나이가 서너 살은 많아 보이는 아이들이 빼앗은 장난감으로 재미있게 놀고 있었다. 그 장난감은 블랙이 철수에게 만들어 준 소형 드론이었다. 시계 형 리모콘으로 조종하는 소형 드론은 웬만한 아이들은 가지고 놀 수 없는 고급 장난감이다. 블랙은 조용히 아이들을 불렀다. 드론을 가지고 놀던 아이들은 블랙의 덩치를 보고는 그 자리에 얼어붙은 듯 서 있었다. 표정을 보니 퍽이나 놀란 듯했다. 철수도 아이들의 표정을 보고는 블랙을 한번 쳐다보았다. 블랙은 양쪽을 번갈아 보다가 얼굴빛을 부드럽게 고치고 아이들을 불러 모았다. 아이들은 도망갈 생각도 못하고 쭈뼛대며 블랙에게 다가왔다. 블랙은 아이들과 철수를 놀이터 벤치에 함께 앉혔다. 분위기가 매우 어색해졌다.

그런데 갑자기 블랙이 신이 나서 아이들에게 소형 드론에 대해서 설명하기 시작했다. 혼이 나리라고 생각한 동네 아이들은 블랙의 예상 밖 행동에 놀라면서도 금세 블랙의 설명에 귀를 기울이고 흥미를 보였다. 블랙은 아이들에게서 다시 찾은 소형 드론을 바닥에 놓고 리모컨으로 묘기를 보여 주기 시작했다.

드론은 잽싸게 날아올라 하늘 높이 치솟더니 급선회하면서 놀이터로 곤두박질치다가, 다시 방향을 바꾸어 미끄럼틀을 타고 오르더니 정글짐의 좁은 틈을 종횡무진 비행했다. 아이들의 입에서는 저절로 탄성이 새어 나왔다. 철수도 어느샌가 아이들과 함께 박수를 치며 좋아했다. 저공비행, 수직 상승, 공중회전 등 다양한 비행 묘기를 한참 보여 준 블랙은 아이들을 쳐다보며 물었다.

"멋있지?"

아이들은 일제히 "네!" 하고 외쳤다. 그 소리에 흐뭇해진 블랙은 자신이 그 드론을 만들었다며 어깨를 으쓱해 보였다. 아이들은 다시 "와~" 하고 일제히 탄성을 질렀다. 블랙은 아이들을 빙긋이 바라보다가 말을 이었다.

"어때, 이 아저씨하고 이런 멋진 장난감을 만들고 싶지 않니?"

아이들은 모두 큰 소리로 "네!" 하고 말했다.

"그런데 한 가지 조건이 있어."

아이들은 궁금한 듯이 블랙을 쳐다보았다.

"우리 철수하고 친하게 지내는 거야. 보아하니 너희가 철수 형뻘

일 것 같은데, 철수를 동생처럼 아껴 주고 친하게 지낸다면 아저씨가 너희에게 특급 기술을 전수해 줄 거야. 이 아저씨하고 약속할 수 있겠니?"

아이들은 쉴 틈도 없이 큰 소리로 "네!" 하고 외쳤다. 블랙은 껄껄 웃으며 아이들과 철수를 악수로 화해시켰다. 동네 아이들의 드론 동아리가 결성되는 사건이었다.

블랙과 철수가 집으로 돌아오자, 레드는 철수의 표정을 살폈다. 철수는 활짝 웃는 표정으로 레드에게 달려가더니 배가 고프다며 간식을 달라고 졸라 댔다. 블랙은 레드를 향해 찡긋 윙크해 보였다. 레드는 사태를 파악했다는 듯, 싱긋 웃으며 철수 방으로 간식을 가지고 들어갔다.

"이모, 이모! 현우 삼촌 정말 멋있어요."

"뭐가? 현우 삼촌이 애들을 혼내 줬니?"

"아니요. 정반대예요."

"정반대라니?"

"동네 형들하고 친구를 맺어 줬어요. 이제 동네 형들이 나에게 잘해 줘요. 정말 기분이 좋아요."

"그랬구나. 철수는 삼촌만 멋있고, 이모는 별로야?"

레드는 빙긋이 장난스럽게 웃으며 말을 건넸다.

"별로긴요. 이모는 예쁘고, 항상 맛있는 것도 해 주고 재미난 얘기도 해 주잖아요. 이몬 이모대로 짱이에요."

"호호, 얘가 아부를 할 줄 아네. 이모가 갑자기 기분이 좋아지는데. 오늘 철수가 해 달라는 것 다 해 준다. 뭐 원하는 것 있으면 얘기해 봐."

"재미난 얘기 해 주세요."

"무슨 얘길 해 줄까?"

"발명가 얘기요. 옛날에도 발명가가 있었나요? 로봇은 언제부터 만들어졌어요?"

철수는 간식을 허겁지겁 입에 넣으며 레드를 쳐다봤다.

"천천히 먹어라, 체하겠다. 자, 그럼 얘기보따리를 풀어 볼까?"

철수는 입안에 있던 사과를 얼른 씹어 꿀꺽 삼켰다. 레드가 이야기를 시작했다.

"기원전 900년대 쯤 중국 주나라 때 목왕이 있었어. 그분은 100살 넘게 사셨는데, 순수(巡狩, 임금이 다스리는 지역을 두루 돌아다니며 살피는 일)하다가 언사(偃師)라는 장인을 만나게 되지. 그에게 무엇을 잘 만드는지 묻자, 언사는 이미 만들어 둔 노래하고 춤추는 인형을 보여 주었지. 아마도 이 인형이 세계 최초의 로봇이 아닐까 싶네."

철수는 눈을 크게 뜨며 말했다.

"기원전 900년이라면 지금으로부터 3000년 전쯤인데, 그때 로봇이 있었다구요? 에이 이모는 거짓말도 잘하셔."

"아니야. 내가 지어낸 이야기가 아니고, 《열자》라는 책에 나오는 이야기야. 이 책은 춘추전국시대에 쓰인 책이니까, 적어도 2500년 전에 쓰였지."

"정말 오래 된 책이네요. 그래서 그 로봇을 어떻게 했어요?"

"그 로봇은 진짜로 사람처럼 걷고 노래하며 춤을 추었지. 그러니까 주변에 사람들이 모여 경탄하며 구경했어. 그런데 이 로봇이 자신을 쳐다보던 왕의 여인들에게 눈을 깜빡이며 추파를 날렸지 뭐야."

"정말요? 윙크까지 했다구요?"

"그래. 그래서 목왕이 화가 나서 그 자리에서 로봇을 만든 언사를 죽이려했지."

"최초의 로봇공학자가 죽게 됐네요."

"아니 죽지는 않았어. 언사는 그 자리에서 로봇을 부수어 왕에게 보여 주었거든. 부서진 로봇 속에는 인간처럼 온갖 내장이 있고, 심지어는 뼈와 관절, 털과 머리카락까지 다 갖추고 있었어. 그것들을 다 보여 주고 언사가 로봇을 조립하자 다시 움직이기 시작했지. 목왕이 시험 삼아 심장을 떼어 내자 로봇은 말을 못하고, 간을 떼어 내자 보지 못하고, 콩팥을 떼어 내자 걷지를 못했어. 그제야 목왕은 언사의 진기한 능력을 칭찬해 주었다고 하네."

"진짜라면 정말 놀라운 일이네요. 3000년 전에 만들어진 로봇이라니. 당시 중국에는 과학자들이 많았나 봐요?"

"기록에 따르면, 언사 외에도 구름사다리를 만든 반수(班輸), 날아다니는 솔개를 만든 묵적(墨翟)이라는 사람도 있었는데, 언사의 이야기를 듣고 나서는 발명을 멈췄다고 해."

철수는 와우 하며 감탄사를 연발했다.

"어때, 재밌었어?"

"네, 아주요. 그런데 묵적이라는 과학자가 날아다니는 솔개를 만들었다는데, 그거 현우 삼촌이 만든 드론하고 비슷한 건가요?"

"글쎄다. 비슷한 거 아닐까?"

"그럼, 드론은 현우 삼촌의 발명품이 아니라 묵적이 최초로 만든 거네요?"

"그건 현우 삼촌한테 직접 물어보렴."

레드는 씩 웃으며 말했다. 말이 끝나자마자 철수는 벌떡 일어나서 블랙을 찾았다.

"현우 삼촌! 궁금한 게 하나 있어요."

마당에서 개집을 마저 만들던 블랙이 뛰어나오는 철수를 바라보다가, 무슨 일이냐는 표정으로 레드를 쳐다봤다. 레드는 두 손을 들고 어깨를 들썩이는 몸짓으로 답을 대신했다.

철수가 블랙과 레드와 놀고 있는 시간에 강원우와 김나래는 미국에서 열리는 로봇과학 세미나에 참석하고 있었다. 세미나 주제는 '로봇의 미래'였다. 전 세계의 로봇과학자뿐만 아니라 종교 지도자, 정치가 등 다양한 지도자와 지식인들이 모였다. 강원우의 발표가 이어졌다.

"안녕하십니까? 저는 로봇공학자 강원우입니다. 우리는 지금 '로봇의 미래'라는 주제로 이야기를 나누고 있습니다. 앞서 여러분의 발표를 들으면서 여기에 참석한 많은 분이 로봇의 미래에 대하여 우려를 하고 있다는 것도 알게 되었습니다. 사실 저도 그러한 사람 중에 하나였습니다. 로봇을 연구하다 보면, 어떻게 로봇이 인간에게 기여할 수 있을까를 생각합니다.

아이작 아시모프는 1942년에 쓴 단편 소설 〈스피디_술래잡기 로봇(Runaround)〉에 로봇공학 3원칙을 언급한 바 있습니다. 여러분도 아시다시피 그 원칙은 다음과 같습니다. '1 로봇은 인간에 해를 가하거나 혹은 행동을 하지 않음으로써 인간에게 해가 가도록 해서는 안된다. 2 로봇은 인간이 내리는 명령에 복종해야만 하며, 단 이러한 명령들이 첫 번째 법칙에 위배될 때에는 예외로 한다. 3 로봇은 자신의 존재를 보호해야만 하며, 단 그러한 보호가 첫 번째와 두 번째 법칙에 위배될 때에는 예외로 한다.' 이 원칙은 로봇을 연구하는 과학자들에게는 마치 불문율처럼 여겨졌습니다.

저 또한 이러한 원칙을 염두에 두고 연구해 왔습니다. 그러다가 어느샌가 이런 질문을 자신에게 던지기 시작했습니다. '아시모프의 원칙은 지극히 인간중심적이지 않은가? 로봇은 인간의 테두리 안에서 인간이 원하는 방향으로만 움직여야만 하는가?' 이러한 질문은 나를 혼돈에 빠뜨렸습니다. 로봇공학 3원칙은 로봇을 인간에게 유용한 도구로 사용하려는 사고에 다름 아니었습니다. 저의 질문은 여기서 끝나지 않았습니다. 저는 근본적인 질문을 던지기 시작했습니다. '인간은 과연 완벽한가? 어쩌면 로봇이 어느 방면에서는 인간보다 완벽한 것은 아닌가?' 우리가 만든 컴퓨터는 이미 인간의 평균적인 인식 수준을 넘어섰습니다. 인간이 몇 년 걸려 계산할 것을 컴퓨터는 몇 초도 안 돼서 계산해 냅니다. 인간이 수천 년에 걸쳐 쌓아 놓은 지식을 컴퓨터는 순식간에 축적할 수 있습니다. 인간은 감정에 휘둘려 이성적인 판단을 할 수 없는데, 컴퓨터는 감정에 사로잡히지 않고 객관적인 데이터에 입각해서 판단해 냅니다. 그렇다면 냉정하게 이야기해서 이미 인식 수준에서는 컴퓨터가 인간을 앞선 것 아닐까요?"

강원우의 기조연설이 한창인데, 갑자기 옆에 있던 미국 종교 지도자가 얼굴을 붉히며 끼어들었다.

"그렇다면 박사님은 컴퓨터가 인간보다 뛰어난 능력을 갖추고 있기 때문에 컴퓨터에게 인간의 삶을 맡겨야 한다는 말입니까? 인간이 컴퓨터보다 못하다는 것은 지극히 편파적인 견해인 것 같은데요."

강원우는 종교 지도자의 질문에 고개를 끄덕이며 이어 말했다.

"맞습니다. 저는 컴퓨터가 인간보다 모든 면에서 뛰어나다고 말

쏨드리는 것은 아닙니다. 인간이 컴퓨터보다 나은 면도 얼마든지 있지요. 인간은 수만 년에 걸쳐서 자아의식을 진화시켜 왔습니다. 이 자아의식은 하루아침에 형성되는 것은 아닙니다. 또한 인간은 집단 생활을 하면서 자신과 다른 의견이나 삶을 가진 사람과 공생하는 지혜를 키워 왔습니다. 또한 인간은 정서적 측면에서 그 어떤 존재보다 빠르게 정서적으로 교류할 수 있습니다. 이 모든 것이 인간이 컴퓨터보다 뛰어나다고 말할 수 있을 것입니다."

여기까지 듣고 있던 종교 지도자는 회심의 미소를 지었다.

"발표 중 자꾸 끼어들어서 죄송합니다만, 그렇다면 박사님은 박사님의 견해를 접는다는 말씀이신가요? 인간이 컴퓨터보다 뛰어나니까 인간이 로봇보다 나은 존재이고, 그렇다면 로봇이 인간에게 종속된 것은 너무도 당연한 결론인 것 같은데요."

강원우는 조금도 당황하지 않고 차근차근 답해 나갔다.

"저는 어느 한쪽 편을 들어 다른 한쪽의 지배를 정당화하려는 것이 아닙니다. 우리는 지구상에 살면서 다양한 인간뿐만 아니라 다양한 생명체와도 교류하고 있습니다. 국적이나 인종, 성별이나 연령과 관계없이 모든 인간은 평등하다는 것은 이제 상식에 가까운 견해입니다. 또한 인간은 동물과도 새로운 관계를 맺어 왔습니다. 과거에는 단지 사냥감이나 놀잇감으로 키우던 동물들을 이제는 삶의 동반자로 여기기까지 합니다. 저는 이러한 인간의 성숙한 경지를 한 차원 더 높이자는 겁니다. 이제 미래는 로봇의 시대입니다. 우리는 이미 많은 분야에서 로봇에 의존하고 있고, 앞으로는 더욱 그러할 것입니다. 로봇 제작사인 휴머노이드 회사의 슬로건은 '인간보다 더 인간적인 로봇'이라고 저는 알고 있습니다. 그렇다면 앞으로의 사회는 인간이 로봇을 지배하기만 하는 일방적인 세상이 아니라, 인간과 로봇이 공생하고 공진화하며 서로를 인정하는 세상이 되어야 하지 않을까요? 만약에 이러한 표현이 불쾌하지 않으시다면, '인간과 로봇이 우정을 나누는 세상'은 어떻습니까?"

강원우의 발표에 수많은 사람이 박수를 보냈다. 하지만 모든 사람이 박수를 보낸 것은 아니었다. 야유를 보내는 사람도 있었고, 냉소적인 표정으로 쳐다보는 사람도 있었으며, 분노의 표정으로 강원우를 노려보는 사람도 있었다. 특히 미국 종교 지도자는 심한 불쾌감을 표시하며 대회장을 나가 버렸다.

강원우 앞에서 발표를 바라보고 있는 김나래의 입가에 묘한 웃음이 새어 나왔다. 강원우 역시 그녀를 향해 윙크를 날려 주었다. 세미나는 무사히 끝났다. 강원우 부부는 주최 측에서 마련해 준 숙소로 돌아와 샤워를 마쳤다.

"당신 대단하던데요. 아까 밖으로 나간 종교 지도자는 단단히 화가 나 보이던데, 괜찮겠죠?"

"나도 그 양반이 조금 걱정되기는 하지만, 뭐 큰일이 있을라고."

"최근 들어 종교계에서 로봇 제작과 관련해 워낙 반발이 심해서 걱정이 되더라구요. 당신도 봤잖아요. 세미나 행사장 바깥에서 시위하던 종교인들의 모습을. 우리를 마치 악마처럼 취급하던데요."

강원우는 세미나 전에 있던 종교인들의 시위 모습이 떠올랐다. 저마다 피켓을 들고 있었는데, 피켓에 쓰인 문구가 섬뜩했다.

'신의 영역에 도전하지 마라.'

'저주 받아라! 악마의 세력들아.'

'불의 심판이 너희에게 내리리라!'

다른 한편 중에서는 로봇 모형을 화형에 처하는 퍼포먼스도 벌어졌다. 과학자 일행을 실은 버스는 전후좌우로 삼엄한 보호가 있었기 때문에 큰 피해는 없었지만, 버스 창에 날아든 달걀 세례는 피할수가 없었다. 어느 달걀에는 붉은 페인트가 담겨 있어서, 창문을 붉게 물들여 마치 피를 흘리는 것처럼 보이기도 했다. 강원우는 떠오르는 기억을 지우기라도 하는 듯이 수건으로 젖은 머리를 세게 문질렀다.

"어느 시대나 광신도는 있기 마련이에요. 너무 걱정하지는 말아요."

"그래요. 중세 때에는 과학자들이 종교재판을 받거나 화형에 처해졌지만 지금은 과학이 지배하는 시대이니 그런 일이 벌어질 것이라고는 생각하지 않소."

"왜 과학과 종교는 항상 갈등을 일으킬까요?"

김나래가 냉장고에서 생수를 꺼내 컵에 따르면서 강원우에게 물었다.

"나는 특정한 종교를 가지고 있지는 않지만, 만약에 신이 있다면 과학자들을 심판할 것 같지는 않소."

"왜요?"

김나래는 강원우에게 물 한 잔을 건네며 물었다.

"과학은 인간을 무지에서 지의 세계로 이끌었잖소. 신이 인간에게 지혜를 주었다면, 그 지혜를 이용하여 신의 세계에 더욱 가까이 다가가는 것이 오히려 인간의 임무가 아닐까 하는 생각이 들어요. 과학을 통해 신의 마음을 더 잘 이해하게 되지 않겠소?"

강원우는 물 잔을 들고 창가로 다가갔다. 창밖에 야경이 아름다웠다. 고층 빌딩 몇 곳은 아직도 불을 환하게 밝히고 있었다. 김나래는 어느새 강원우 뒤로 다가와 뒤에서 따뜻하게 끌어안았다. 강원우는 김나래의 손을 잡고 말없이 창밖을 바라보았다. 그들이 동시에 고개를 돌린 것은 초인종 소리 때문이었다.

강원우는 문가로 다가가 인터폰으로 밖을 확인했다. 숙소 직원이 인사하며 룸서비스라고 말했다. 김나래는 룸서비스를 시킨 적이 없다고 말했고 강원우는 직원에게 이를 다시 전달했다. 그러자 직원은 세미나 마지막 날이라 주최 측에서 보내는 것이라고 친절하게 대답했다. 강원우가 방문을 열자, 직원은 친절한 표정으로 카트 테이블을

밀고 들어와 좋은 밤 되시라며 인사하고 나갔다. 테이블 위에는 과일과 술안주, 고급 와인이 차려져 있었다. 강원우는 김나래를 다정히 바라보며 말했다.

"와인 한잔합시다. 미국에서의 마지막 날이니 우리도 긴장을 풀어야 하지 않겠소. 내일이면 우리나라로 돌아가 철수도 보고 말이오."

김원우가 와인 병을 기울였다. 붉은 색 와인이 조명등에 비춰져 영롱하게 빛이 났다.

"그래요. 안 좋은 기억은 잊어버리고 우리 서로 건배해요."

와인 잔을 부딪치자 맑은 소리가 경쾌하게 울려 퍼졌다. 둘은 가볍게 술을 마시고 과일 바구니에서 포도송이를 따서 입에 넣었다. 과일 바구니에는 주최 측이 보낸 작고 예쁜 카드가 있었다. 김나래는 거실 소파에 앉으며 카드를 펼쳐 읽었다. 강원우가 김나래를 바라보자 김나래는 애써 웃는 표정을 지으며 카드를 탁자 위에 내려놓았다.

"뭐라고 쓰여 있소?"

강원우는 와인 잔을 마저 비우고 물었다.

"별 내용 없어요. 좋은 밤을 보내라네요."

강원우는 잔을 다시 채우고 말했다.

"한 잔 더 마시고 어서 잡시다. 내일 비행기 타고 돌아가려면 피곤할 테니. 세미나에서 긴장했더니 좀 피곤하네."

"그래요. 우리 마시고 어서 자요."

다음 날 아침 강원우는 짐 정리를 마치고 방을 둘러보는데, 카드가 휴지통에 버려져 있었다. 김나래는 화장실에 있었다. 강원우는 카드를 조심스럽게 꺼내 열어 보았다.

　'너희에게 신의 저주가 내리리라!'

4

외출

미국으로 세미나를 다녀온 후, 강원우와 김나래는 서로에게 카드에 대해서 이야기를 나누지 않았지만, 경계 태세를 늦추지 않았다. 강원우는 미국에서 있었던 일을 과학기술국 박태수 국장에게 보고했다. 박태수 국장은 1급 보호령을 내려 두 과학자를 보호했다. 강원우와 김나래는 평소처럼 연구에 전념하고 일상생활을 해 나갔다. 신고려 경찰국의 베테랑 형사들이 그림자처럼 이들을 따라 다니며 만약의 사태에 대비했다.

　카드 사건이 있은 후 8년의 세월이 흘렀지만 아무 일도 일어나지 않았다. 신고 후 1년이 지나서 1급 보호령은 해제되었고, 단순 협박 사건으로 처리되었다. 형사들도 더 이상 강원우와 김나래를 몰래 따라다니며 보호하지 않았다. 하지만 강원우와 김나래는 경계 태세를 늦추지 않았다. 오히려 경찰의 보호를 받던 이전보다 더 주의했다. 특히 철수를 보호하기 위해 모든 수단을 동원했다. 블랙과 레드에게 특별히 당부하여 철수 곁을 떠나지 말라고 신신당부했다.

부모님이 협박을 받았다는 사실을 전혀 모르는 철수는 이전의 자유롭던 삶이 너무도 그리웠다. 이전에는 마음껏 나가 놀 수도 있고, 가고 싶은 곳에 언제라도 갈 수 있었는데, 요 몇 년간 외출은 극히 제한적으로만 허용되었고, 행동도 자유롭게 할 수 없었다. 따분함을 달래려고 블랙과 드론 동아리 활동을 열심히 했지만, 폐쇄된 골방에 갇혀 지내는 것 같아 여간 답답한 것이 아니었다.

　답답하기는 레드도 마찬가지였다. 자유롭게 즐기는 것을 좋아하는 그녀의 성격 때문인지는 몰라도 지루한 일상생활을 벗어날 수 있는 탈출구가 필요했다. 또한 레드는 철수가 블랙과 더 친하게 지내는 것만 같아 불만이었다. 비장의 카드가 필요했다. 래드는 주말이라 쉬고 있는 철수에게 놀이와 쇼핑을 함께 즐길 수 있는 자유이용권을 흔들며 유혹했다.

　"날씨도 좋은데 오늘 같은 날은 밖으로 나가 신나게 놀고, 공연도 보고, 쇼핑도 하면서 즐길까?"

　철수는 반쯤 누워 있던 소파에서 번쩍 일어나며 만세를 불렀다. 블랙은 레드에게 눈짓을 보내며 조용히 말했다.

　"박사님들이 알면 어떡하려고?"

　레드는 블랙에게 눈을 흘기며 말했다.

　"니가 지켜 주면 되잖아. 답답하단 말이야. 오늘 하루만 나가서 신나게 놀자, 응?"

레드의 애교 섞인 목소리를 듣자 블랙은 갑자기 맥이 풀렸다. 레드가 저렇게 나오면 어떨 도리가 없었다.

"알았어. 하지만 조심해야 해."

레드는 블랙의 이야기를 듣는 둥 마는 둥 철수를 향해 외쳤다.

"자, 신나는 토요일이다. 출발!"

철수는 신이 나서 레드의 팔짱을 끼고 앞서 나갔고, 블랙은 마지못해 뒤를 따랐다. 무인 택시를 타고 한 시간가량 이동하니, 탁 트인 언덕에 거대하게 조성된 놀이공원과 쇼핑몰이 나타났다. 통일 원년에 대규모로 조성된 아시아 최대의 놀이공원이었다. 토요일이라 그런지 삼삼오오 무리 지어 놀고 있는 사람들로 인산인해를 이루었다.

"우리 롤러코스터 타요."

철수가 신나는 표정으로 말했다.

"당연하지. 롤러코스터만이겠어. 신나는 놀이 기구는 모두 타자."

레드가 더 신이 나서 대꾸했다. 블랙만 시큰둥하니 서 있었다.

"타고 싶으면 둘이 타. 난 놀이 기구 멀미가 있어서."

블랙이 대답했다. 사실 멀미가 있다는 말은 거짓이었다. 블랙은 돈을 들여서 노는 것을 탐탁지 않게 여겼다. 노는 것보다 중요한 것이 많다고 생각했다. 블랙의 태도를 보고 레드는 눈을 흘기며 말했다.

"여기까지 나와서 정말 이러기야? 니가 그러면 우리가 뭐가 돼. 분위기 좀 맞춰라, 응?"

레드의 애교가 다시 시작되었다. 블랙은 마지못해 줄서서 기다리다가 롤러코스터에 올랐다. 롤러코스터가 서서히 오르다가 급경사에서 낙하하자, 블랙은 자신도 모르게 비명을 질렀다. 블랙이 지르는 비명 소리에 철수와 레드는 더욱 신이 나서 소리를 질렀다. 블랙은 처음 타 보는 놀이 기구였다. 하지만 기분이 그리 나쁘지만은 않았다. 처음에는 아찔하더니 조금 지나자 독수리가 자유비행을 하는 것처럼 하늘을 나는 것 같았다. 감았던 눈을 뜨자 세상이 빙빙 돌았다. 흥분되었다. 롤러코스터가 코스를 마치고 정지하자 레드는 블랙을 보고 씽긋 웃었다.

"재밌지?"

블랙은 처음 타 보는 놀이 기구 맛에 아직 어리벙벙했다. 레드는 블랙의 어깨를 탁 치며 외쳤다.

"이번에는 바이킹이닷!"

오전 내내 놀이 기구를 타며 놀다가 점심시간이 되어 야외 식당에 자리를 잡았다. 철수와 레드는 오전에 탔던 놀이 기구에 대해서 신나게 이야기를 나누고 있었다. 그사이 블랙은 그들의 주문을 받아 음료수와 음식을 사 들고 왔다. 레드는 블랙이 사 온 음식을 배분하면서 블랙에게 웃으며 말했다.

"고마워. 어때, 예전에 생각했던 것과는 다르지?"

블랙은 고개를 끄덕이며 말했다.

"그래, 많은 사람이 즐기는 놀이 기구를 발명한 사람이 괜찮다는 생각을 했어. 난 놀이 기구를 쓸데없이 돈을 낭비하는 것이라고 생각 했는데[3] 내 생각이 조금은 잘못된 것 같아. 또 놀이 기구들을 타 보니까 기구의 과학적 원리도 알 수 있게 되고 말이야."

"고리타분하기는. 그냥 즐기면 되지 꼭 과학적 원리를 여기까지 와서 탐구해야 하나? 안 그래 철수야?"

레드는 철수를 바라보고 웃었다. 철수는 열심히 음식을 먹으며 고개를 끄덕였다. 블랙도 머리를 긁적이며 웃었다.

"인생을 살면 얼마나 산다고 즐기지도 못하고 살아? 너처럼 고민하고 생각 많이 하고 살면 그게 어디 삶이야? 감옥이지![4] 이제 그만 내려놓고. 그냥 즐겨 보는 건 어때? Just enjoy it!"

레드가 말하자, 이번에는 블랙이 지지 않겠다는 투로 대꾸했다.

"나는 생각 많이 하고 고민하고 사는 게 즐거워. 이게 내가 내 삶을 즐기는 방법이지."

"좋겠다. 생각 많고 고민 많아서."

레드는 블랙을 놀려 댔다. 블랙도 되받으며 말했다.

"좋겠다. 아무 생각 없어서."

옆에서 이야기를 듣던 철수가 끼어들었다.

"둘이 지금 사랑싸움 하는 거야? 식구끼리 그러면 안 돼요."

철수의 말에 모두 깔깔대며 웃었다.

아쉽지만 집으로 돌아갈 시간이었다. 블랙은 가져온 짐들을 이것저것 챙기며 일어섰다. 철수는 저녁에 있는 마운틴 그룹의 공연을 보고 싶다고 졸라 댔지만, 블랙의 판단으로는 저녁까지 밖에서 지내는 것은 위험했다. 이번에는 레드도 블랙의 판단에 토를 달지 않았다. 그래서 철수에게 다음번에 꼭 공연을 같이 보러 가자고 위로하며 놀이동산을 나섰다.

그때였다. 검은 옷을 입은 한 남자가 그들을 향해 뛰어왔다. 손에는 가방 같은 것을 쥐고 있었는데, 눈매가 무서웠다. 레드가 철수를 안고 탁자 밑으로 숨자 블랙은 달려오는 검은 옷을 노려보며 경계 태세를 취했다.

"도둑놈 잡아라."

검은 옷 뒤로 양복 입은 남자가 쫓아오고 있었다. 검은 옷은 달리며 뒤를 힐끗 돌아보더니 더 속력을 내서 달렸다. 블랙은 혹시 저들이 한패일지도 모른다고 생각했지만 확신할 수는 없었다. 검은 옷은 블랙을 보더니 비키라며 호주머니에서 칼을 꺼내 들었다. 위험했다. 주변을 둘러보니 이 광경을 지켜보는 사람이 많았다. 그중에는 소리를 지르며 공포에 떠는 아이들도 보였다. 검은 옷과 블랙 사이의 거리가 5미터도 남지 않았다. 블랙은 검은 옷을 향해 뛰었다. 검은 옷은 자신에게 뛰어오는 블랙을 보고 당황했다. 검은 옷이 칼을 마구 휘두르며 마주 달려왔다. 충돌하기 일보 직전, 블랙은 검은 옷 바로 앞에서 살짝 비켜서면서 발을 걸었다. 검은 옷은 달려오던 제 속도를 줄이지 못하고 공중으로 날아올랐다. 야외 식당 테이블 위로 넘어지자 테이블이 박살났다. 블랙은 천천히 테이블 쪽으로 다가가 쓰러진 검은 옷의 칼을 빼앗고, 가방을 찾아 뒤쫓아 오던 주인에게 돌려주었다. 사람들의 박수 소리가 터져 나왔다. 뒤늦게 달려온 청원 경찰에게 범인은 잡혀갔다.

이 모습을 숨어서 끝까지 지켜보던 레드가 블랙에게 다가가며 말했다.

"보기보다 날렵한데."

블랙은 씩 웃으며 말했다.

"너도 보기보다 잽싸게 숨던데."

레드는 머리카락을 한 번 휘날리며 말했다.

"내 목숨은 소중하니까.[5]"

블랙은 레드를 어이없다는 듯 쳐다보다가 껄껄 웃고 말았다. 철수는 블랙이 싸우는 것을 처음 보았다. 뚱뚱한 삼촌이 갑자기 멋진 보디가드처럼 느껴졌다.

놀이공원에 다녀온 후, 철수의 기분은 한결 좋아졌다. 비록 부모님의 허락을 받고 다녀온 것은 아니지만, 블랙과 레드와 함께 지낸 놀이공원의 추억이 철수에게는 큰 기쁨으로 자리 잡았다. 곁에 자신을 지켜줄 든든한 친척이 있다는 것이 자랑스러웠다.

아직도 집안 분위기는 긴장의 연속이었지만, 겉으로는 평온한 날들이 이어졌다. 강원우와 김나래는 자신들이 위험에 처했다는 사실을 철수가 눈치 채지 못하도록 각별히 신경 썼다. 그 각별한 조치 중 하나가 인공 칩의 삽입이었다. 2041년 강원우는 철수의 머리에 인공 칩을 삽입했는데, 겉으로 보기에는 2040년 인공 칩 이식허용정책에 따른 것처럼 보였지만, 철수의 인공 칩 안에는 특수한 프로그램을 깔아 두었다. 그 프로그램이 작동되지 않기를 간절히 바라면서.

2045년 8월 15일 신고려 통일 15주년을 맞이하는 대대적인 행사가 열렸다. 강원우 부부는 정부가 주관하는 저녁 만찬에 초대되었다. 철수와 함께 가기를 원했지만 철수는 자신이 열렬히 좋아하는 록그룹의 공연이 호수공원에서 열린다며 그곳에 가겠다고 고집을 피웠다. 레드도 은근히 공연을 보고 싶었지만 겉으로 내색할 수는 없었다. 그래서 블랙에게 슬쩍 눈치를 보냈다. 블랙은 철수와 레드가 공연을 보기를 원하는 것을 알았기에 강원우 부부에게 조심스럽게 말을 꺼냈다.

"철수를 고리타분한 만찬 행사에 데려가는 것보다는 공연을 보러 가게 하는 게 좋을 것 같습니다. 요즘 철수가 집에만 있어서 힘들어 했거든요. 이모와 함께 철수를 잘 돌볼 테니까 걱정하지 마시고 다녀오십시오."

강원우 부부는 블랙이 그렇게 말하는 것을 의아하게 생각하면서도 공연장에 가는 것을 허락해 주었다. 철수는 뛸 듯이 기뻐했다.

강원우 부부 일행이 떠나자 레드는 신나는 표정을 지으며 블랙에게 말을 걸었다.

"철수와 나는 그렇다 치고, 현우씨도 공연이 보고 싶었나 봐?"

"아니. 난 음악이라면 딱 질색이야. 별것 아닌 것에 열광하는 것도 그렇고.[6]"

"그런데 왜 공연장에 가겠다고 했어?"

"그야, 철수도 너도 좋아하고 전에 한 약속도 있고."

"어쨌든 오늘 너무 멋있었어. 계속 그렇게 멋지게 행동하면 내가 맛있는 거 많이 해 줄게."

블랙이 피식 웃었다. 철수는 시간이 없다며 빨리 가자고 그들을 부추겼다. 철수 일행이 호수공원에 도착했을 때는 이미 사전 공연이 시작된 후였다. 철수는 새로 뜨고 있는 록그룹 마운틴을 좋아했다. 특히 마운틴의 리드 싱어인 로즈를 좋아했는데, 철수 방은 로즈의 브로마이드로 도배되어 있다고 말해도 좋을 지경이었다. 드디어 마운틴이 등장하는 시간이었다. 커다란 앰프에서는 이들의 대표곡인 '나이트메어' 반주가 흘러나왔고, 공연장 주변은 일제히 환호성이 울려 퍼졌다. 그때였다. 레드와 블랙의 다목적 안경에서 비상 신호가 깜빡이고 메시지가 떴다.

"철수를 납치하려 함. 철저히 보호하라. 집에서 보자."

강원우가 보낸 메시지였다. 레드와 블랙은 곧 철수를 둘러싸고 주위를 살폈다. 철수는 공연에 몰두하느라 사태를 파악하지 못하고 있었다. 블랙은 철수의 손을 잡고 말했다.

"철수야, 일단 여기서 나가야겠다."

공연에 정신이 팔린 철수는 소리를 질렀다.

"지금이 하이라이트란 말이야! 가긴 어딜 가?"

지체할 시간이 없었다. 레드는 철수의 목을 가볍게 손가락으로 눌렀다. 철수는 스르르 기절했다. 공연장은 공개된 공간이어서 적에게 노출되기 십상이다. 블랙은 철수를 어깨에 메고 빠르게 벽 쪽으로 이동했다. 벽에 붙어 있으면 뒤를 걱정할 필요는 없었다. 블랙은 레드에게 앞을 살피라고 말하고, 철수를 흔들어 깨웠다. 철수는 서서히 눈을 떴다.

"철수야, 누가 너를 납치한다는 메시지가 떴어. 그래서 급하게 여기로 옮긴 거야."

"누가 나를 납치해? 내가 무슨 소용이 있다고?"

"너를 납치해서 부모님을 협박하려는 거야. 그분들은 국가의 일

급비밀 기술을 알고 있거든. 그러니까 지금부터 내가 하라는 대로 하는 거야. 일단은 여기서 벗어나야 해."

블랙은 레드를 쳐다봤다. 레드는 손가락으로 동그라미를 그렸다. 안전하다는 표시였다. 블랙은 철수를 데리고 공원 주차장으로 빠르게 이동했다. 모두 차에 타자, 재빨리 시동을 걸고 공원 밖으로 빠져나왔다. 블랙은 빠르게 차를 몰며 레드에게 말했다.

"철수가 안전하다고 박사님들께 전화 걸어."

레드는 강원우에게 연락했다. 연결되지 않았다. 김나래에게 전화를 했지만 마찬가지였다. 갑작스럽게 불길한 예감이 들었다. 레드는 불안한 눈빛으로 블랙을 쳐다보았다. 레드의 표정을 보자 블랙은 사태를 정확히 파악할 수 있었다. 블랙은 도로 옆에 차를 세웠다.

"목표는 철수가 아니었어."

블랙이 레드에게 말했다.

"그럼, 혹시?"

"그래, 맞아. 철수를 납치한다는 거짓 정보를 흘린 후, 당황하여 허둥대는 박사님들의 빈틈을 노려 그들을 납치한 거야. 분명히 철수가 안전한지 보려고 경호원도 없이 급하게 움직였을 테니 박사님들을 납치하는 것은 아주 쉬웠을 거야. 성동격서(聲東擊西)[7], 동쪽을 친다고 말하고 서쪽을 치는 전술로 병법 중에서도 가장 기초적인 것인데, 내가 그것을 놓치다니 어이가 없군."

"그럼 철수는 안전한 거지?"

"그렇다고 여겨지지만 경계를 늦추어서는 안 될 것 같아. 우선 집으로 가자."

부모님이 납치되었다는 이야기를 하는데도, 철수는 의외로 가만히 있었다. 레드가 철수를 쳐다봤다. 철수는 마비가 된 듯 움직이지 않았다.

"블랙, 철수가 이상해!"

"뭐야? 어떻게 이상해?"

"움직이질 않아. 그리고 갑자기 열이 오르고 있어."

블랙은 다시 급하게 차를 세웠다. 블랙은 철수의 몸 상태를 살펴봤다. 머리에 이식된 인공 칩이 엄청난 속도로 가동되고 있었다. 몸에서 열이 나는 것은 인공 칩의 작동에 따른 것이었고, 그 열로 인해 철수가 혼절한 것이다.

"레드, 빨리 편의점으로 달려가서 얼음을 사 와. 여기서 열이 더 오르면 철수가 위험할 수도 있어."

레드는 말을 듣자마자 번개처럼 튀어 나갔다. 블랙은 창문을 내리고 철수의 옷을 벗겼다. 여름이라 차 안이 더웠다. 레드는 어느새 얼음을 사 와 철수의 머리를 얼음으로 식혔다. 잠시 후 인공 칩의 작동도 그쳤고, 철수의 숨소리도 골라졌다. 철수는 깊이 잠든 것 같았다. 철수의 상태를 살펴본 레드는 가슴을 쓸어내렸다.

"다행이다. 위험한 고비는 넘긴 것 같아."

블랙도 고개를 끄덕이며 시동을 다시 걸었다. 갑작스레 너무나 많은 일이 벌어졌다. 강원우 부부는 연락이 두절되었고, 철수는 불덩어리였다가 가까스로 진정되었다. 블랙은 차를 몰며 사태를 파악하기 위해 머리를 굴렸다. '도대체 누가 박사님들을 납치해 간 것일까? 박사님들에게 위기 상황이 닥쳤다는 사실을 경찰국 사람들은 알고 있을까?' 여러 질문이 한꺼번에 머릿속에 떠올랐다. 레드는 다시 한번 박사 부부에게 연락을 취했다. 여전히 불통. 레드는 위험한 상황에서 작동되도록 설정된 위치 추적 장치를 가동시켰다. 위치를 알리는 장치가 꺼져 있었다. 레드는 블랙을 향해 말했다.

"위치 추적 장치마저 작동되지 않는 것으로 보아 아주 용의주도한 놈들인 것 같아."

블랙은 레드를 바라보며 무겁게 대답했다.

"협박 편지를 보낸 후 8년이 지나고 나서야 박사님들을 납치한 점이나 이렇게 빠르게 실행한 것을 보면 분명 조직적 움직임이야. 가볍게 볼 상대가 아니지. 집에 가서 상의하자."

차창 밖으로 보이는 밤하늘에 수십 개의 불꽃이 솟아올랐다가 여러 가지 무늬를 그리며 터지고 있었다. 통일 15주년 기념 불꽃놀이였다.

[3] "쓸데없는 비용을 없애는 게 성왕의 도이며, 천하의 큰 이익이다." – 《묵자》, 〈절용(節用)〉편 중에서.

[4] 양주는 말했다. "백 년이란 사람의 목숨의 최대 한계여서, 백 년을 사는 사람은 천 명에 하나 꼴도 안 된다. 설사 한 사람이 있다 하더라도 어려서 엄마 품에 안겨 있던 때와 늙어서 힘없는 때가 거의 그의 삶의 반을 차지할 것이다. 밤에 잠잘 때 활동이 멈춘 시간과 낮에 깨어 있을 때 헛되이 잃은 시간이 또 거의 그 나머지 삶의 반을 차지할 것이다. 아프고 병들고 슬퍼하고 괴로워하며 자기를 잃고 근심하고 두려워하는 시간이 또 거의 그 나머지 삶의 반은 될 것이다. (……) 황망히 한때의 헛된 영예를 다투면서 죽은 뒤에 남는 영광을 위해 우물쭈물 귀와 눈으로 듣고 보는 것을 삼가고, 자기 자신의 뜻에 따라 옳고 그른 생각을 애석히 여겨 공연히 좋은 시절의 지극한 즐거움을 잃으면서 한시도 자기 마음대로 행동하지 못한다. 형틀에 매어 있는 중죄수와 무엇이 다른가?" – 《열자》, 〈양주〉편 중에서.

[5] "털 한 올은 피부보다 작고, 피부는 사지 하나보다 작다. 그러나 많은 털을 모으면 피부만큼 중요하고, 많은 피부를 합하면 사지만큼 중요하다. 털 한 올도 본래 몸의 만 분의 일의 하나인데, 이를 어찌 가볍게 여길 것인가. 옛사람은 털 한 올을 뽑아 천하를 이롭게 할 수 있다 해도 결코 하지 않았고, 온 천하를 맡긴다 해도 받지 않았다. 모든 사람이 털 한 올을 뽑지 않고, 또 사람마다 천하를 이롭게 하려 하지 않는다면 반드시 천하는 안정될 것이다." – 《열자》, 〈양주〉편 중에서.

[6] "백성들에게는 세 가지 우환이 있다. 첫째, 굶주리는 자가 먹을 것을 얻지 못하는 것이다. 둘째, 헐벗은 자가 옷을 구하지 못하는 것이다. 셋째, 수고로운 자가 쉬지 못하는 것이다. 이들 세 가지가 바로 백성들의 큰 우환이다. 만일 위정자가 큰 종을 두드리며, 북을 치고, 거문고를 연주하며, 생황 등을 불고, 온갖 춤을 추는 데 열중하면 백성들이 먹고 마시는 재화는 어디서 얻을 수 있겠는가? 반드시 그리할 수 없을 것으로 생각한다. (……) 그래서 묵자는 이 같이 말한 것이다. 음악을 즐기는 것은 잘못이다." – 《묵자》, 〈비악(非樂)〉편 중에서.

[7] 성언격동 기실격서(聲言擊東 其實擊西) : 동쪽을 치겠다고 소리를 내는 것은 사실은 서쪽을 치는 것이다. – 《통전(通典)》, 〈병육(兵六)〉편 중에서.

5

드론 동아리 방

집으로 돌아온 블랙과 레드는 우선 집주변을 살폈다. 혹시나 있을 위험을 차단하려는 것이다. 주변이 안전한 것을 확인한 후 블랙은 차에서 철수를 안아 내렸다. 철수를 방 침대에 눕힌 후, 둘은 거실로 나와 앉았다. TV를 켰다. 통일절 소식과 불꽃놀이에 열광하는 국민의 모습이 영상을 비출 뿐 강원우 부부의 납치 소식은 없었다. 블랙은 과학기술국 박태수 국장에게 직통전화를 했다. 비상시에만 사용할 수 있는 전화였다. 3D 영상이 전화기 화면 위로 떠올랐다. 국장은 다급하게 철수의 안부를 물었다. 블랙은 괜찮다고 대답했다. 그리고 강원우 부부의 소식을 물었다. 국장은 심각한 표정을 지으며 납치범들이 보낸 자료 하나를 보내왔다. 납치 사실을 알리는 동영상이었다. 블랙은 동영상을 열었다. 화면에는 하얀 사제복을 입은 점잖은 노인이 나타났다. 그의 목소리는 차분하고 조용했다.

　"강원우 박사 부부는 무사히 잘 있으니 걱정하지 마시오. 우리는 문명인이고, 신을 섬기는 사제들이요. 우리는 문제를 폭력적으로 해결하는 것을 싫어하오. 그런데도 이런 극단적인 방법을 택한 것을 이해해 주기 바라오. 우리는 그동안 여러 차례 다양한 방법으로 이 문제가 평화적으로 해결되기를 바랐소. 하지만 일은 그렇게 진행되지 않았소.

우리는 인간에게 복종하는 로봇 제작에 반대하지는 않소. 그것은 우리의 문명을 더욱 편리하게 만들었고, 인간을 위험에서 벗어나게 했기 때문이요. 하지만 강원우 박사 부부는 인간의 영역을 넘어서 신의 영역에 도전하려 했소. 로봇에 이성과 감성을 부여하고, 자아의식을 갖게 하려고 연구했소. 만약에 그러한 연구가 성공할 경우, 인류에게 미치는 부정적인 결과는 불을 보듯 뻔하오. 로봇은 인간으로부터의 자유를 요구할 것이고, 인간이 허용하지 않는다면 인간과의 대결을 불사할 것이오. 그렇게 되면 어떻게 되겠소? 이미 로봇은 인간보다 강하고 똑똑한 단계에 도달했소. 우리는 이 불행한 사태를 미리 막으려는 것이오. 이러한 우리의 노력은 폭력이 아니라 인간을 위험으로부터 구하려는 숭고한 행동이오.

우리가 오늘 강원우 박사 부부를 데려온 것은 불행한 첩보를 얻었기 때문이오. 강원우 박사 부부는 우리의 예상을 뛰어넘어 이미 그러한 로봇을 둘이나 만들었다는 소식을 듣게 되었소. 우리는 이 첩보를 접하고 경악을 금치 못했소. 그래서 우리는 더 이상 평화로운 방법으로는 우리의 주장을 설득시키지 못한다는 것을 깨달았소.

단도직입적으로 말하겠소. 강원우 박사 부부가 개발한 제3세대 로봇 두 개와 강원우 박사 부부의 맞교환을 요청하오. 아울러 다시는 이러한 로봇을 만들지 않겠다는 신고려 대통령의 서약 문서도 받기를 원하오. 기한은 3일 주겠소. 이러한 요구가 받아들여진다면 우리는 강원우 박사 부부를 손끝 하나 건드리지 않고 무사히 돌려보내리다. 그러나 이러한 요구사항이 지켜지지 않는다면, 앞으로 신고려국에서 일어나는 사태의 모든 책임은 그대에게 있음을 경고하는 바이요. 신고려국의 신중하고 긍정적인 답변을 기대하겠소. 사랑과 자비의 신이 여러분과 함께하기를. 그리고 우리와 함께하기를."

박사를 납치한 조직이라고 하기에는 너무도 정중하고 경건한 어투였다. 블랙과 레드는 동영상을 다 본 후에도 한 동안 말이 없었다. 입을 먼저 연 것은 박태수 국장이었다.

"너희의 정체가 노출된 것 같다. 너희가 제3세대 로봇인 것은 대통령과 나, 경찰국장과 강원우 박사 부부 외에는 아무도 모르는데, 어디서 정보가 샌 걸까?"

블랙이 대답했다.

"그건 차차 생각해 보기로 하고, 어떻게 할 작정입니까?"

"일단 박사 부부의 납치 사건은 비밀에 부치기로 했다. 경찰국에서 현재 비밀리에 조사 중이니 조만간 신뢰할 만한 정보를 얻을 수 있을 거야. 3일의 기한을 주었으니, 우선 너희는 철수와 함께 과학기술국으로 들어와라. 그곳은 위험에 이미 노출되어 있으니 조만간 적들이 들이닥칠 것이다."

"알았습니다. 그리 하죠."

간단히 대답하고 전화를 끊었다. 그때였다. 뒤에서 기척이 느껴졌다. 블랙과 레드는 서로 눈빛을 교환한 다음 신속하게 몸을 굴려 소파 뒤로 몸을 감췄다. 그런데 뒤에 서 있는 것은 적이 아니라 철수였다. 둘은 멋쩍은 듯 일어났다. 철수는 둘을 빤히 쳐다보았다. 레드가 입을 열었다.

"철수가 일어났네. 자 빨리 짐을 챙겨 이곳을 벗어나자. 여기도 위험한 것 같아."

그러자 철수가 단호하게 대답했다.

"과학기술국은 안 돼. 다른 곳으로 몸을 숨겨야 돼."

블랙은 깜짝 놀라며 철수에게 말했다.

"다 들은 거야?"

철수는 아무렇지도 않게 대답했다.

"응."

"언제부터?"

"처음부터."

레드는 당황해하며 철수를 쳐다보았다.

"그럼……"

"응, 삼촌과 이모가 로봇이라는 것도 알아."

"언제부터?"

"잠에서 깨어나자, 머릿속에 새로운 데이터들이 잔뜩 들어 있었어. 그 데이터들 안에 삼촌과 이모에 대한 정보가 있었어."

"그랬구나. 놀라지 않았니?"

레드가 조심스럽게 물었다.

"아니, 많이 놀랐어. 어쩌면 10년 넘게 나를 속일 수가 있어? 난 진짜 삼촌과 이모인 줄 알았단 말이야."

철수가 대답했다.

"미안, 워낙 극비 사항이어서 알려 줄 수가 없었어."

레드가 대답했다. 블랙은 둘의 대화를 말없이 지켜보고만 있었다. 철수는 블랙을 보고 말했다.

"삼촌은 할 말 없어?"

"이야기는 나중에 하고 빨리 여기서 벗어나는 게 우선이야. 저들이 우리의 정체를 파악하기 전에 말이야. 그런데 왜 과학기술국은 안 된다고 말했니?"

"몰라, 직감이야. 머릿속에 담긴 데이터에는 아빠 엄마의 간단한 메시지가 포함되어 있었어."

"무슨 메시진데?"

레드가 물었다.

"삼촌과 이모 외에는 누구도 믿지 말라고."

철수가 대답했다.

"과학기술국장도?"

블랙이 물었다.

"특정한 사람을 지칭하지는 않았어. 그냥 아무도 믿지 말라는 말 외에는. 하지만 그 말 속에는 과학기술국장님도 포함되어 있지 않을까?"

"박사님들이 그렇게 말했다면, 그 말을 우선 믿어야겠지. 그럼 어디로 갈까?"

블랙이 철수를 보고 물었다. 그때 레드가 둘을 향해 조용히 하라고 손으로 신호를 보내고 거실 불을 끈 다음 창가로 다가갔다. 창가에 숨어 창밖을 바라보니 낯선 그림자 여럿이 집 쪽으로 조용히 움직였다. 위험했다. 블랙 역시 밖을 확인해 보고 급히 둘을 지하실로 데리고 갔다. 철수네 집은 안가(安家, 안전가옥)처럼 꾸며져 있어서 비상 탈출구가 있었다. 적들이 그 사실은 파악하지 못했기를 기원하며 밖으로 빠져나왔다. 비상 탈출구는 동네 놀이터와 연결되어 있었다. 셋이 탈출구를 빠져나오니 동네 아이들이 드론을 날리며 놀고 있었다. 드론에는 네온등을 달아 마치 UFO가 편대를 이루어 날아다니는 듯했다.

철수는 동네 형들을 발견하자 추적을 당하고 있다는 사실도 잠시 잊은 채 반갑게 달려가 그들을 반겼다. 동네 형들도 철수 일행의 갑작스런 등장에 당혹해 하면서도 반가움을 감추지 않았다. 동네 형들은 블랙을 발견하고 더더욱 반겼다. 그동안 드론 동아리를 지도해 준 덕이었다. 블랙은 레드를 철수 이모라고 간단히 소개하고 철수를 보고 조용히 말했다.

"철수야, 빨리 이동해야 돼."

철수도 사태를 파악하고 블랙에게 말했다.

"삼촌 지금 막 갈 데가 정해졌어."

"어디?"

"드론 동아리 방."

블랙도 철수의 이야기를 듣고 잠시 생각하다가 동의했다. 거기라면 적들에게 노출되지 않을 확률이 높았다. 게다가 거기에는 컴퓨터와 통신 장비 그 외에 다양한 발명 재료들이 있었다.

"그래 우선 동아리 방으로 가자. 너희도 나를 따라와."

동네 형들은 의아한 표정을 지으며 따라 나섰다.

"왜 이리 서두르는데?"

"나쁜 사람들이 우리를 추적하고 있거든."

철수가 동네 형들에게 달려가며 말해 줬다. 동네 형들은 같이 달려가며 흥분하듯 외쳤다.

"우리 그럼 위험에 처한 거야?"

"그런 셈이지."

동네 형들은 위험에 처했다는 소식을 듣고 오히려 흥분하며 좋아했다. 아직은 위험을 체감하지 않은 아이들의 반응이었다. 블랙은 달려가던 속도를 줄이고 아이들이 가지고 있던 드론 하나를 얻어 공중에 날렸다. 카메라 모드로 전환하여 정찰하기 위해서였다. 레드와 철수는 동네 아이들과 함께 드론 동아리 방을 향해 달려갔다.

블랙이 드론이 보내온 영상을 모니터로 살피니 이미 집은 노출된 것이 분명했다. 집 수색을 허탕 친 무리들이 동네 어귀에 세워 둔 승합차를 타고 서둘러 어디론가 이동하고 있었다. 비상 탈출구는 노출이 안 된 모양이었다. 만약에 노출 되었다면 그들 중 몇몇은 놀이터 입구에서 발견되었을 것이다. 그러나 아이들이 떠난 놀이터는 가로등만이 켜 있을 뿐 쥐새끼 한 마리 보이지 않았다. 일단 위험에서 벗어났다. 블랙은 드론을 급하게 회수하여 드론 동아리 방을 향해 달려갔다. 동네는 아무 일도 없었다는 듯 조용했다.

동네 산 어귀에 위치한 드론 동아리 방은 만약에 일어날 전쟁에 대비하여 만들어진 지하 벙커였다. 하지만 통일이 되고 나서는 방치되어 있었는데, 이를 동네 아이들이 발견했다. 그러다가 드론 동아리 방으로 사용하면서, 시설 안에는 비상식량, 간이침대, 탁자와 의자, 컴퓨터와 게임 시설, 드론 연구에 필요한 온갖 장비들을 갖추었다. 규모는 작지만 이제 웬만한 연구 시설 못지않았다. 게다가 비상 전력 시설을 갖추고 있어 정전이 일어나도 며칠 동안은 버틸 수 있고, 웬만한 공습이나 공격에도 뚫리지 않도록 설계된 요새와 같은 곳이었다. 숲 속에 들어가 있어 밖에서는 정찰비행으로도 찾아낼 수가 없었다.

블랙이 드론 동아리 방에 들어서자, 모두들 블랙을 쳐다보았다. 블랙은 그들을 향해 살짝 웃으며 말했다.

"추적을 따돌렸어. 그들은 우리가 어디로 갔는지 모를 거야."

동네 아이 중 주근깨가 물었다.

"그들이라니요?"

블랙이 간단히 말했다.

"나도 아직 그들의 정체를 잘 몰라. 종교 집단과 연결된 것으로 추정하고 있을 뿐이야. 우리가 알아봐야지."

검은테가 끼어들었다.

"우리라니요? 그럼 우리도 작전에 끼어 주는 건가요? 철수에게 부모님이 납치되었다는 이야기를 들었어요. 우리가 철수 부모님을 구출하는 거지요?"

블랙은 아이들을 돌아보며 말했다.

"일단 철수 부모님이 납치되었다는 사실은 모두 비밀로 해야 해. 지금 과학기술국과 경찰국이 합동으로 찾고 있는 중이야. 거기서 찾아내면 좋겠지만, 어쨌든 우리는 우리가 할 일을 해야겠지. 우선 잠시 쉬면서 생각 좀 해보자.”

아이들은 고개를 끄덕였고, 블랙은 레드에게로 갔다. 레드와 철수는 컴퓨터를 켜고 뭔가 작업을 하고 있었다. 희한한 점은 레드보다 철수가 바쁘게 움직이고 있다는 것이다.

“지금 뭐 하고 있는 거야?”

철수는 쉴 새 없이 자판기를 두드리며 돌아보지도 않고 말했다.

“역시 낡은 컴퓨터라서 작업 속도가 늦네. 일단 보안 시스템을 구축하고 아빠 엄마의 위치를 추적하려고.”

블랙은 레드를 쳐다보았다. 컴퓨터 실력으로는 레드가 철수보다 훨씬 앞서기 때문이었다. 레드는 블랙을 보며 자신도 의아하다는 듯한 표정을 지었다. 철수가 다시 말을 이었다.

“놀라지 마. 엄마 아빠가 나에게 보내온 데이터를 옮기는 것에 불과하니까.”

그 말을 듣고 나서야 블랙은 철수의 행동을 이해할 수 있었다. 박사님 부부가 신분의 위협을 느끼기 시작할 때부터 이를 대비한 대책을 몰래 준비해 온 것은 알았지만, 그 준비의 결과물이 철수의 머릿속으로 옮겨졌으리라고는 상상조차 못했다. 철수가 차 안에서 열이 올라 기절한 것과 철수의 머릿속에서 엄청 빠른 속도로 작동되었던 컴퓨터 칩이 모두 박사 부부가 비상시에 대비해 취한 조치임을 알게 되었다. 철수는 마지막으로 엔터키를 치며 말했다.

"됐다!"

옆에 앉아 있던 레드가 물었다.

"뭐가?"

"엄마 아빠의 위치 추적 프로그램이 가동되었다고."

철수의 말에 블랙이 끼어들었다.

"박사님들의 위치 추적 장치는 꺼져 있었어. 아까 우리가 차 안에서 여러 차례 확인했거든."

철수가 블랙 쪽으로 의자를 돌렸다.

"알아. 그 장치는 이미 저들에 의해 제거되었어. 우리가 가동시킨 장치는 완전히 다른 장치야. 아무도 발견할 수 없는. 엄마 아빠는 만약의 사태를 예상해서 전자 장비로는 추적할 수 없는 생체 리듬 추적 장치를 몸에 새겨 두었어."

이 이야기를 계속 듣고 있던 동네 아이들이 철수를 쳐다보았다. 철수는 모두를 쳐다보며 말했다.

"나도 데이터를 보기 전에는 전혀 알 수 없었던 신기술이야. 지금 엄마 아빠가 만들어 놓은 프로그램을 가동시키기는 했지만, 정확히 어떻게 작동되는지는 잘 모르겠어. 지문이나 유전자 등으로 사람을 식별하듯이, 생체 리듬이 변하는 고유한 패턴을 통해 위치를 파악할 수 있는 장치라는 것밖에는 몰라."

철수가 설명하는 동안 컴퓨터는 계속 돌더니 갑자기 신호가 퍼졌고 모니터에는 두 개의 점이 선명하게 깜빡이기 시작했다. 박사 부부의 위치가 확인된 것이다. 모두들 모니터 쪽으로 몰려오며 물었다.

"어디야?"

레드는 위치를 확인하고 대답했다.

"강원도 동해시에 있는 한 건물이야. 이름이 영지학(靈知學)연구소라고 하는데."

"영지학이 뭐예요?"

노란바지가 물었다. 노란바지는 인터넷상에서는 '하데스'로 통하는 해커였다. 레드가 대답했다.

"고대부터 존재했던 영지주의(靈知主義, Gnosticism)를 연구하는 곳인데, 영지주의는 신적인 앎(그노시스, gnosis)을 통해서 구원이 가능하다고 생각하는 사상이야. 고대 시리아나 이집트, 페르시아 등에서 유행했고 기독교도 이 영향을 받아 영지주의적인 입장을 가졌던 사람이 많아. 그로 인해 수많은 논쟁을 했고 기독교 내에서는 이단으로 취급당했지. 하지만 아직까지도 그 영향은 사라지지 않고 있어. 특정한 교단을 형성하지는 않았지만 종교계 곳곳에서 암약하는 것으로 알려져 있어. 미국에는 100층짜리 영지학회 빌딩이 있을 정도야."

하데스가 다시 물었다.

"뭔 말인지는 모르겠지만 종교 단체가 왜 박사님들을 납치해요?”

블랙이 대신 대답해 주었다.

“박사님들은 다양한 과학 분야의 신기술을 개발했지만 특히 제3세대 로봇 개발에 선두주자였거든. 제3세대 로봇은 로봇에게 인간의 영혼을 넣어 주는 것과 같은 수준이야. 그것이 이들에게는 신에 대한 도전으로 생각되었겠지.”

검은테가 끼어들었다.

“과학과 종교 간의 싸움이군요!”

모두 고개를 끄덕였다. 레드가 블랙을 쳐다보며 말했다.

“박사님들의 위치도 파악되었으니, 이 사실을 과학기술국과 경찰국에 알려야 하지 않을까?”

“알려야겠지.”

블랙의 얼굴에서 어두운 그림자가 잠시 나타났다가 사라졌다. 이를 눈치챈 철수가 물었다.

“삼촌, 무슨 걱정이라도 있어요?”

삼촌이라는 호칭으로 보아 철수가 아직 아이들에게 블랙과 레드의 정체를 밝히지는 않은 모양이었다. 블랙은 이러한 철수의 태도가 듬직해 보였다.

“박사님이 아무도 믿지 말라고 한 말이 자꾸 마음에 걸리네. 게다가 경찰국에서 급습할 경우, 박사님들의 신변에 문제가 생기지는 않을지 걱정도 되고 말이야."

블랙이 이렇게 대답하자 레드가 말했다.

"그러면 우리가 먼저 가서 살펴보는 것은 어떨까? 우리가 박사님들의 위치를 파악했다는 것을 저들은 모를 테니까 말이야."

레드의 말에 일리가 있었다. 블랙은 주변을 돌아보며 말했다.

"그러면 내가 집에 가서 차를 가지고 올 테니까. 너희는 내가 돌아올 때까지 준비를 해 줘야겠다. 검은테는 소형 드론에 적외선 카메라를 설치해 줘. 건물 내부를 살펴봐야 하니까. 그리고 하데스는 영지학연구소를 해킹해서 그들의 정보를 좀 더 알아봐 줘. 그리고 주근깨는……."

블랙이 지시를 내리려는데, 주근깨가 수줍은 듯이 말했다.

"혹시 최근에 제가 개발한 비행체를 사용하면 안 될까요?"

모두 주근깨를 쳐다보았다.

"내가 너희 몰래 개발한 건데, 드론은 따로따로 놀잖아. 그래서 같이 노는 비행체를 개발했어. 일벌처럼 집단으로 신호를 주고받으며 비행하는 이놈들한테 나는 로보비(robo-bee)라는 이름을 붙였어."

주근깨는 조그만 상자 하나를 열어 보였다. 겉보기에는 영락없이 벌처럼 생긴 것들이 100개는 족히 넘을 듯했다. 블랙은 주근깨를 바라보며 엄지손가락을 치켜 들었다. 주근깨는 블랙을 보고 신이 나서 마저 말했다.

"사실 이놈들은 제 각기 기능도 달라. 어떤 놈은 소리에 민감하고, 어떤 놈은 냄새를 추적할 수도 있어. 3D 영상을 구축할 수 있는 놈, 적외선 카메라를 장착한 놈, 가벼운 공격으로 상대방을 일시적으로 마비시킬 수 있는 놈, 자체 폭파가 가능한 놈도 있어. 그리고 서로의 정보를 교환하여 정보를 종합할 수도 있지."

블랙이 박수를 쳤다. 모두 환호성을 질렀다. 천군만마를 얻은 기분이었다. 모두가 분주히 움직이는 사이 블랙은 지하 벙커를 빠져나왔다.

추격전

집에 도착하니 차가 그대로 집 안에 주차되어 있었다. 블랙은 차를 살펴보았다. 아니나 다를까. 트렁크 아래쪽에 위치 추적 장치가 부착되어 있었다. 조심스럽게 장치를 떼어 내 집 앞에 두었다. 괜히 부숴 버려 저들이 다시 움직이지 않도록 하기 위해서였다. 블랙이 조심스럽게 시동을 걸었다. 헤드라이트를 켜고 출발하려는데, 뒤에서 주차되어 있던 검은 SUV 차에서 시동 거는 소리가 들려왔다. 매복이었다. 블랙은 급히 차를 몰아 골목을 빠져나왔다. 이대로 지하 벙커로 돌아갈 수는 없었다. 블랙은 급히 차를 몰아 시내로 향했다. 블랙이 눈치챈 것을 안 적은 급하게 블랙을 추격했다. 블랙은 차를 몰며 레드에게 연락했다. 레드가 연결되자 다급한 목소리로 말했다.

"내 위치가 발각됐어. 지금 그곳으로 갈 수가 없어. 철수를 데리고 백석동 고속버스 터미널로 와. 터미널 광장 뒤 주차장 입구에서 30분 후에 보자. 장비 잘 챙기고, 조심해."

연결을 끊었다. 머리가 복잡해졌다. 적들의 수는 도대체 얼마나 많은 것일까? 이들은 아까 집에 들어온 놈들과 같은 조직일까? 블랙은 차량이 많은 도로도 진입했다. 뒤쫓는 차가 바짝 따라붙었다. 어쩔 수 없었다. 블랙은 옆을 지나가는 차와 가볍게 충돌을 시도했다. 그 차는 무인 자동차여서 아무도 타고 있지 않았다. 옆 차는 충돌을 방지하기 위해 차선에서 잠시 벗어난 후 속도를 낮추고 다시 위치를 잡고 있었다. 혼란한 틈을 타서 블랙은 전력 질주했다. 추격 차량과 거리가 어느 정도 벌어졌다. 블랙은 차량의 모든 불빛을 꺼 버렸다. 그러고는 더욱 속력을 내기 시작했다.

블랙이 추적 차량을 따돌리고 터미널에 도착했을 때 레드와 철수는 물론 아이들도 모두 나와 있었다. 블랙은 레드와 철수만을 태우고 터미널을 빠져나왔다. 동네 아이들에게는 벙커로 돌아가서 연락을 기다리라는 말을 남겼다. 한시가 급했다. 적들의 차량이 또 있을지도 모르는 일이었다.

차가 강원도에 진입하고 나서야 블랙은 잠시 안도할 수 있었다. 제일 가까운 휴게소에 들렀다. 철수는 레드와 매점에 들러 간식거리를 샀다. 다급한 상황이어서 아무도 식사를 하지 않았기 때문이다. 블랙은 차에 남아 가져온 장비들을 점검했다. 철수와 레드가 도착하자, 다시 시동을 켜고 고속도로로 진입했다. 차의 움직임을 눈에 띄지 않게 하려고 자동 운전 장치로 전환하여 다른 차와 속도를 맞췄다. 잠시 침묵이 흘렀다. 철수가 매점에서 사 온 음식을 꺼내 먹으며 말했다.

"궁금한 게 많지만, 몇 가지만 물을게. 아빠가 보내온 자료에 따르면 현우 삼촌과 주희 이모가 제3세대 로봇이던데, 맞아?"

둘은 철수를 바라보며 고개를 끄덕였다.

"그러면 인간처럼 생각하고 느끼고 사랑하고 기쁘고 슬프고 뭐 이런 감정도 느낄 수 있겠네?"

"그런 셈이지."

레드가 대답했다. 철수가 연이어 물었다.

"그런 감정은 프로그램된 거야?"

"아니, 인간처럼 서서히 형성된 거야. 감정은 주입할 수 있는 게 아니라 형성되는 거니까."

"인간은 DNA가 있어서 각기 다른 모양과 개성을 갖게 되잖아. 삼촌이나 이모도 그런 게 있는 거야?"

"생물학적 DNA는 없지만 프로그램적 DNA는 있어."

"프로그램적 DNA?"

"이전 로봇은 똑같이 재생했지만, 제3세대 로봇은 각기 다른 생각과 감정, 그에 따른 성격이 형성되는 거야. 그러니까 제3세대 로봇은 인간처럼 각기 다른 존재인 셈이지."

"그러면 삼촌이나 이모는 똑같이 만들 수 없다는 건가?"

"그래. 우리는 각기 세상에서 하나 밖에 없는 로봇이야. 고유한 로봇!"

"와우! 그럼 인간과 똑같은 셈이네."

"몇 가지는 인간보다 나을 수도 있어."

"계산 능력이나 뭐 그런 거?"

"그런 것도 있고, 블랙은 전투 능력과 발명 능력이 뛰어나. 나는 기억력과 주변 환경에 반응하여 적응하는 능력이 뛰어나고."

"블랙? 전투 능력? 현우 삼촌을 블랙이라고 불러? 그래서 현우 삼촌이 그렇게 잘 싸운 거야?"

"그냥 우리끼리 지어 준 별명 같은 거야. 현우 삼촌은 블랙, 나는 레드."

그때 블랙이 끼어들었다.

"나의 전투 능력은 공격력이 아니라 방어력이야. 물론 불가피할 때는 공격을 해야겠지만, 내가 먼저 공격하는 법은 없어. 우리한테 필요한 것은 증오가 아니라 사랑이니까."

철수는 신기한 듯이 말했다.

"현우 삼촌이 사랑이야기를 하니까 좀 어색하다. 만날 주희 이모에게 구박이나 받으면서."

블랙은 멋쩍은 듯이 머리를 긁었다. 레드도 살짝 얼굴을 붉혔다.

"그럼, 나는 이 세상에 둘밖에 없는 로봇과 함께 있는 거네. 갑자기 든든해지는데. 그런데 삼촌, 우리가 가서 엄마 아빠를 구출할 수 있을까?"

블랙이 현우를 사랑스럽게 바라보며 말했다.

"철수는 우리가 로봇인 줄 알면서도 계속 삼촌, 이모라고 말하네. 그냥 편하게 블랙, 레드라고 불러."

철수가 음료수를 마시며 대답했다.

"아니야. 나는 그냥 삼촌, 이모라고 부를래. 그게 편하니까. 나는 지금도 삼촌과 이모가 로봇이라는 게 믿어지지 않아. 그렇게 생각하면 더 어색해질 것 같아. 그냥 평소대로 부를 거야. 그래도 되지? 그런데 삼촌은 내 질문에 답을 안 했어. 우리가 엄마 아빠를 구출할수 있을까?"

블랙은 창밖을 응시하며 대답했다.

"가 봐야 알 것 같아. 적들은 우리의 상상을 뛰어넘고 있어. 아까도 자칫 잘못했다가 우리 모두 잡힐 뻔했잖아. 방심은 금물이야. 손자병법에도 쓰여 있어. 적을 알고 나를 알면 백 번 싸워도 위태롭지 않다. 하지만 나를 알고 적을 모르면 한 번은 이기고 한 번은 진다. 최악은 나도 모르고 적도 모르는 경우인데, 이때는 백 번 싸우면 백 번 지는 거야.[8] 우리는 우리의 적이 누군지 아직 정확히 모르고 있어."

철수가 말했다.

"적이 무슨 종교 단체라며?"

"그건 겉으로 드러난 거고. 종교 단체가 납치하고, 미행하고, 협박하는 것은 어울리지 않아. 게다가 움직임으로 보았을 때, 철저하게 훈련된 자들이었어. 전문적인 용병처럼 말이야. 호락호락한 상대가 아니야."

자동 운전된 차는 목적지에 다가가고 있었다. 이미 시간은 자정을 넘어 새벽 2시가 되었다. 도로에는 차량이 점점 줄어들었다. 고속도로를 빠져나와 국도로 들어서자 칠흑 같은 어둠이 깔려 있었다. 국도를 따라 양 길가에는 벼들이 자라고 있었다. 그리고 벼들이 잘 자라도록 거리의 조명을 최소한으로 밝혀 놓았다. 목적지까지 2킬로미터 남았다고 내비게이션이 표시했다. 블랙은 자동 운전 모드를 수동으로 전환하고 차량에서 나오는 모든 불빛을 꺼 버렸다. 사방이 어두워지자 두려움이 몰려들기 시작했다.

철수 일행은 영지학연구소가 보이는 언덕으로 기어 올라갔다. 무턱대고 잠입하는 것보다는 주변을 살피는 것이 우선이었다. 블랙은 주근깨가 준 가방을 열었다. 수많은 로보비를 조종할 수 있는 마스터 컨트롤 스틱과 전체 비의 상태와 비에서 송출하는 영상을 한눈에 볼 수 있는 모니터가 켜졌다. 블랙이 파워 키를 누르자 100개가 넘는 로보비가 날아올랐다.

로보비들은 일제히 편대를 이루어 연구소를 향해 날아갔다. 블랙은 영상 모드를 적외선으로 바꾸었다. 건물 안의 움직임까지 포착하려는 것이었다. 로보비들이 보내오는 영상들은 일제히 통합되어 영지학연구소의 안과 밖 사정을 훤하게 알아볼 수 있게 해 줬다. 연구소는 절벽에 세워져 있었다. 앞에는 언덕, 뒤에는 바다. 지상 3층 지하 2층으로 되어 있는 영지학연구소 건물 안과 밖은 이상하리만치 움직임이 없었다. 밤이라서 모두들 자고 있나 싶을 정도로 고요했다. 심지어 밖에는 경비원마저 없었다. 블랙은 갑자기 불안해졌다.

"뭔가 이상해. 움직임이 전혀 없어. 장소를 옮겼나 봐. 일단 가 보자."

철수 일행은 로보비들을 회수하고, 급히 언덕에서 내려와 연구소 건물로 들어갔다. 입구가 활짝 열려 있었다. 연구소로 들어가려는 순간 정문 안쪽에서 비릿한 냄새가 새어 나오는 것을 레드가 눈치챘다.

"잠깐, 움직이지 마. 건물 안쪽에서 피 냄새가 나고 있어."

일행은 벽 쪽으로 몸을 붙이고 블랙이 조용히 문을 열었다. 문 안쪽의 광경은 그야말로 끔찍했다. 사제복을 입은 여러 사람이 총에 맞은 듯 피를 흘리며 죽어 가고 있었다. 그들 중 한 명은 블랙을 발견하고 최후의 한마디를 하고 죽었다.

"위층의 장로님을……."

사태가 긴박함을 눈치 챈 블랙은 레드와 철수에게 안으로 들어

오지 말라고 한 후, 2층으로 내달렸다. 2층에서도 몇 구의 시신을 발견할 수 있었다. 블랙은 방문들을 조심스럽게 열며 수색을 해 나갔다. 창가에 있는 마지막 방문을 열자, 희미한 달빛 사이로 어떤 사람이 움직이는 것이 보였다. 블랙은 조용히 접근하여 그를 제압하려고 했다. 하지만 가까이 다가가서 그를 본 순간, 블랙은 그 자리에 얼어붙었다. 과학기술국장이 보여 준 동영상에서 차분히 메시지를 전달하던 노인이었다. 아래층에서 사제복을 입고 죽어 가던 사람이 이야기한 장로님이 이 노인이라는 생각이 들었다. 그는 이미 심각한 총상을 입었다. 블랙은 급히 다가가 그를 부축했다. 그는 두려운 듯 블랙을 바라보더니 숨을 헐떡이며 말했다.

"누군가? 여기는 어떻게 알고 왔는가?"

블랙은 대답하지 않고 그를 끌어안고만 있었다. 아래층에서 철수와 레드가 올라와 방문을 열었다.

"블랙! 어딨어?"

블랙은 뒤를 돌아보며 조용히 말했다.

"여기야."

철수와 레드는 블랙이 있는 쪽으로 다가갔다. 블랙의 품에 안긴 노인은 철수를 보더니 숨을 몰아쉬듯 말했다.

"니가 철수구나."

"할아버지가 저를 어떻게 아세요? 아빠 엄마는 어디에 있지요?"

철수가 물었다. 할아버지는 철수에게 손짓을 하며 가까이 오도록 했다. 철수가 다가와 무릎을 꿇자, 철수의 손을 잡고 말했다.

"애야, 미안하구나. 우리도 속았단다. 네가 철수라면 옆에 있는 이 두 친구는 박사님들이 만들었다는 로봇이겠구나."

철수는 말없이 고개를 끄덕였다.

"로봇인데도 몸이 따뜻하고 표정이 온화하구나. 다행이다. 박사님들과 이야기를 나누다 보니 그분들이 나쁜 로봇을 만들지는 않았을 것이라는 확신이 들더구나. 하지만……."

할아버지는 쿨럭하고 피를 쏟았다. 하얀 사제복으로 붉은 피가 진하게 스며들었다. 할아버지는 힘들게 말을 이어 갔다.

"지금 박사님들은 여기에 없다. 사실 박사님들을 납치한 것도 우리가 아니었어. 우리는 그들의 말만 믿고 그들과 공조하기로 했던 건데. 박사님들과 이야기를 나누다 보니 우리가 잘못 알고 있던 것이 너무나 많더구나. 그래서 박사님들을 조용히 돌려보내려고 했었는데 그들이 우리를 이렇게……."

블랙이 말했다.

"그들이 누굽니까?"

노인은 거친 숨을 몰아쉬며 블랙을 쳐다보았다.

"나도 많은 것을 알고 있지는 않아. 우리 영지학회에 많은 후원금을 지원해 줘서 우리의 지지자인 줄만 알았지. 그러나 그들의 욕망은 상상보다 무서운 것이었어. 그들은……."

쾅쾅!

아래층에서 폭발음이 들렸다. 레드는 급히 아래층을 내려다보았다. 총을 든 수많은 사람이 달려오고 있었다. 레드는 블랙을 향해 소리쳤다.

"우리가 온 사실을 알아챘나 봐."

블랙은 건물 밖에 차를 세워 둔 것을 후회했다. 벌써 두 번째 실수다. 블랙은 할아버지를 업으려고 했다. 그러자 할아버지는 손사래를 치며 자신을 그대로 두라고 말했다. 그는 철수를 불러 자신의 목에 두르고 있던 십자가 목걸이를 빼내 철수의 목에 걸어 주었다. 그리고 말했다.

"영지학회에서는 내가 죽었다는 사실을 아직 모르고 있을 거다. 그리고 아직도 너희를 찾으려 하고 있어. 혹시 그들을 만난다면 이 목걸이를 보여 주렴. 그리고 이렇게 말해라. '데우스 그노시스(Deus Gnosis)!' 그러면 그들이 너희를 보호해 줄 것이다."

그러고는 블랙을 쳐다보았다. 시간이 없었다. 할아버지는 블랙의 손을 꽉 움켜쥐었다. 마지막 숨을 몰아쉬며 최후의 말을 전했다.

"미스터 Q……, 그들이 박사님들을…… 3층…… 숲…… 비상……."

손이 스르르 미끄러졌다. 블랙은 상자를 열어 폭파용 비를 찾아

작동했다. 그러고는 3층을 향해 내달렸다. 아래층에서는 총소리가 요란하게 들려왔다. 3층에 오르자 기둥과 숲을 연결하는 비상 줄이 걸려 있었다. 거기에는 2명이 탈출할 수 있는 이동용 기구가 매달려 있었다. 블랙은 급히 철수와 레드를 태우고 밀어 버렸다. 기구는 빠른 속도로 숲으로 내려갔다. 레드는 기구 안에서 블랙을 안타깝게 쳐다보았다. 철수가 절박하게 블랙을 불렀다.

"삼촌!"

블랙은 거의 3층까지 올라온 적들을 확인하고 상자에서 버튼을 눌렀다. 자폭용 로보비들이 폭발하기 시작했다. 그 충격으로 블랙은 3층에서 튕겨져 나갔다. 블랙이 튕겨져 나간 곳은 바다 쪽이었다. 움직이는 기구 안에서 이 광경을 지켜본 철수는 소리를 지르며 기구 밖으로 나가려 했다. 레드는 철수를 꽉 끌어안았다.

풍덩! 블랙의 몸은 바다 속으로 가라앉기 시작했다. 블랙은 한동안 죽은 듯이 엎드린 채 바닥으로 가라앉았다. 손은 상자를 꽉 움켜쥔 채였다. 바닥에 닿을 때 쯤 블랙은 눈을 번쩍 떴다. 그러고는 힘차게 수면을 향해 헤엄쳐 갔다. 블랙은 절벽 아래 해변 바위에 도착하자마자 다시 상자를 열어 로보비들을 날려 보냈다. 로보비들은 윙윙 소리를 내며 힘차게 날아올랐다.

연구소 주변 상황이 모니터에 나타났다. 로보비의 폭발로 많은 인원이 부상을 당한 것처럼 보였다. 숲 속을 살펴보았다. 언덕 위로 철수와 레드가 엎드려 숨어 있는 것이 발견되었다. 그들은 무사했다. 다행이다. 그들도 상황을 살피고 있는 것 같았다. 블랙은 로보비 중 한 마리를 그들에게 날려 보냈다. 로보비를 발견한 철수와 레드는 뛸 듯이 기뻐했다. 블랙이 살아 있다는 신호였다. 레드는 로보비를 향해 윙크를 하며 씽긋 웃어 보였다. 이 영상을 지켜본 블랙은 갑자기 얼굴이 후끈 달아올랐다.

　　그러나 안도할 때가 아니었다. 적들이 몰고 온 차에 부상병을 싣고 빠져나가는 모습이 포착되었다. 블랙은 또 다른 로보비 한 마리를 적들의 차량 후미로 보내어 마지막 차량의 트렁크에 붙어 있게 했다. 이제 적들의 이동지를 파악할 수 있게 되었다. 아직 기회가 사라진 것은 아니다. 블랙은 빠른 속도로 절벽을 타고 기어 올라갔다.

[8] 《손자병법》, 〈모공(謀攻)〉 4장.

7

Q본부

철수와 레드를 다시 만난 블랙은 차를 몰아 적들을 쫓기 시작했다. 적들은 속초공항 쪽으로 가고 있었다. 속초공항은 2002년 양양국제공항이 개항되면서 강릉공항과 함께 폐쇄됐다. 지금은 폐허가 된 그곳으로 왜 가는지 궁금했다. 마침 드론 동아리 방에서 연락이 왔다. 박스의 한 귀퉁이에서 화상이 떠올랐다. 하데스였다.

"그쪽 상황은 어때요? 박사님들은 찾았어요?"

블랙은 짧게 "아직"이라고 했다.

"몰골들이 말이 아닌데요. 무슨 일이라도 생긴 건가요?"

레드가 다급하게 끼어들었다.

"우린 지금 적들을 추적 중이니까 용건만 말해 줄래?"

하데스는 무안해했다.

"아, 그렇군요. 영지학연구소를 조사해 보니까, 한국에 있는 동해지부 말고 뉴욕에 있는 본부가 꽤 흥미롭던데요. 종교 단체라고 하기엔 재산이 너무 많고, 하는 일도 많아서 이것저것 조사하다 보니 방

사능에너지협회, 석유에너지협회 등 종교와는 별로 관련 없는 단체가 후원을 많이 했고요. 특히 가장 많이 후원한 단체는 군산복합체인 Q인데, 이 단체를 조사하려고 했는데 보안벽이 워낙 강해서 뚫을 수가 없더라구요. 심지어 역해킹까지 당할 뻔했어요."

듣고 있던 블랙이 말했다.

"지금 뭐라고 했어? 군산복합체 이름이 뭐라고?"

"Q요."

"그러면 혹시 그 군산복합체 Q의 대표 이름이……."

하데스와 블랙은 동시에 "미스터 Q!"라고 외쳤다. 블랙은 다급히 물었다.

"미스터 Q에 대해서 조사한 거는?"

"여기저기 조심스럽게 뚫어 가며 조사했는데, 미스터 Q가 워낙 베일에 가려진 인물이더라구요. 좀 더 알아볼게요."

블랙이 알았다며 연락을 끊으려 했다.

"잠깐만요. 그런데 이 군산복합체 Q는 군사용 로봇 제작으로 많은 돈을 벌어들였는데, 최근 들어 우리나라 대기업의 주식을 대량 매입하기 시작했어요. 특히 에너지와 식량 관련 분야의 주식으로요. 뭐 짚이는 거 없으세요?"

옆에서 보고 있던 레드가 말했다.

"박사님들이 연구한 가장 큰 업적 중에 하나가 에너지와 관련된 기술들이야. 친환경 에너지를 개발해서 우리나라를 일약 선진국의 반열에 오르게 했잖아. 그렇다면 이들이 박사님들을 납치한 진짜 목표가 우리가 아니라 혹시?"

"그렇다면 우리가 더욱 서둘러야 해. 우리가 목표가 아니라면 박사님들은 더욱 큰 위험에 처하게 된 거야."

블랙이 레드의 이야기를 듣고 얼른 통신을 끊으려 하자, 주근깨가 수줍은 듯이 고개를 내밀었다. 블랙은 주근깨를 보며 말했다.

"너의 로보비는 정말 최고야. 덕분에 우리가 위험한 고비를 몇 차례나 넘겼어. 지금도 로보비 덕분에 적들을 추적하고 있어. 고맙다. 그런데 작전 수행 중에 몇 마리를 잃었어. 미안, 나중에 보상해 줄게."

주근깨는 블랙의 이야기를 들으며 입가에 미소가 번져 갔다. 로보비가 제대로 작동한 것이다. 화상 통화가 끊어졌다.

속초공항에 도착했다. 적들은 부상병을 이끌고 비행장의 거대한 돔형 창고로 들어갔다. 그리고 이미 비행기 한 대는 활주로에서 이륙한 직후였다. 블랙은 조용히 차를 몰아 창고 뒤에 주차했다. 창고 안을 볼 수 있는 창문으로 다가가 동정을 살피다가 깜짝 놀라고 말았다. 거기에는 있어서는 안 될 사람이 있었던 것이다. 블랙은 창고 바깥벽에 털썩 주저앉았다. 블랙의 당황하는 모습을 지켜보던 레드와 철수는 왜 그러느냐며 소리 죽여 물었다. 블랙이 대답했다.

"경찰국장이 안에 있어."

철수와 레드는 놀라는 눈으로 창고 안을 쳐다보았다. 두 눈을 씻고 다시 봐도 경찰국장이었다. 철수는 더욱 놀랐다. 철수가 어린 시절부터 아저씨, 아저씨 하며 따르던 사람이었다. 아버지와는 죽마고우였다. 통일되고 북한 출신 관료로는 가장 높은 위치에 오른 몇 안 되는 사람 중 하나였다. 철수는 아버지의 메시지가 새삼 떠올랐다. 아무도 믿지 마라. 하지만 그 '아무도'에 경찰국장이 속하리라고는 꿈에도 생각하지 못했다. 철수의 눈에서 눈물이 흘러내렸다.

하지만 레드는 이 사태에 냉정하게 대처했다. 로보비를 띄우려는 블랙을 가로막았다. 풀 한 포기 없는 곳에 벌이 날 수는 없다고 말했다. 대신 레드는 청력을 최대한으로 높였다. 안에서 나는 소리가 옆에서 나오는 것 마냥 들렸다. 테러범의 지도자급 되는 사람과 경찰국장의 대화였다.

"일은?"

"무사히 끝냈습니다. 모두 제거했습니다."

"잘했네. 정부에서는 종교 단체가 일을 꾸미고 있는 것처럼 오해하는 것이 좋아. 그사이에 박사들에게서 정보를 모두 빼낼 수 있겠지?"

"우리의 심문 기술이라면 신이라도 입을 열 것입니다."

"자네만 믿겠네."

"강원우와 김나래를 Q본부로 보냈는데. 국장님도 이제 이 나라를 떠나셔야지요."

"나는 아직 남아서 할 일이 남았으니까, 일이 정리되는 대로 가겠네. 두 박사가 사라진 판에 나마저 사라지면 오해를 받기 십상이니까."

"그러도록 하시지요. 미스터 Q께서 이번 일에 대한 감사의 표시로 스위스 은행 쪽으로 선물을 보내셨다고 합니다."

"그래, 알았네. 부상병들은?"

"모두 데려가야지요. 외국인들이 신고려에서 발견되면 국장님이 곤란하실 테니까요."

"역시 프로라 다르군."

"마지막으로……."

"뭔가?"

"미스터 Q께서 철수와 두 로봇을 넘겨주기를 바라고 있습니다. 박사들의 입을 여는 데 결정적인 역할을 할 수 있다면서."

"알았네. 이미 나에게 넘어왔어야 했는데. 갑자기 지난밤에 도망가 버렸어. 미행을 붙인 놈들도 놓쳤다고 하고 말이야. 조만간 잡아서 보내도록 하겠네."

"그럼, 국장님만 믿겠습니다. 저는 이만 팀원들하고 이 나라를 떠나겠습니다."

"잘 가게. 또 보세."

대화를 듣는 동안 레드는 이를 갈며 주먹을 하도 움켜쥐어서 몸이 부들부들 떨렸다. 레드의 반응을 보며 블랙과 철수도 따라 주먹을 쥐었다. 생각 같아서는 지금이라도 당장 달려 들어가 경찰국장을 패대기치고 실컷 패 준 다음 이유를 묻고 싶었다. 인간이란 이런 것인가, 갑자기 레드는 슬픈 생각이 들었다. 하지만 자신마저 냉정함을 잃으면 사태가 걷잡을 수 없게 될 것 같았다.

레드가 안의 이야기를 엿듣고 있는 사이, 블랙은 그간에 벌어진 일을 추리해 나가기 시작했다.

'박사님을 납치한 세력은 Q가 보낸 용병들이다. 경찰국장이 아무리 Q편이라도 함부로 경찰을 시켜 박사님들을 납치할 수는 없었다. 하지만 집으로 들어와 수색하거나 자신을 추격하던 차에는 경찰국 사람이 있을 수도 있다. 우리를 보호한다는 명목으로 잡아들였다가 교묘하게 적들에게 넘기려는 술책이었을 것이다. 이제 어찌할 것인가? 경찰국장을 잡아서 족친다고 하더라도 박사님들을 돌아오게 할 수는 없다. 방법은 하나, 박사 부부가 있는 곳으로 가는 수밖에 없다.'

창고 안에 있던 작은 비행기가 활주로로 서서히 움직이기 시작했다. 경찰국장이 타고 있었다. Q의 용병들은 각기 물건을 챙기고 있었다. 부상병들에게는 응급조치를 하고 죽은 병사들을 비닐 백에 담았다. 세 명이었다. 순간 블랙의 눈빛이 반짝 빛났다. 상자를 열어 자폭 로보비를 몇 개 꺼내서 날렸다. 창고에서 200여 미터 떨어진 곳 철조망 근처에서 폭파시켰다. 예상대로 창고 안에 있었던 용병들이 급히 무장하고 달려 나왔다. 이들이 달려 나온 방향과 정반대로 창고에 침투한 철수 일행은 사망한 용병의 시신을 꺼내 창고 바깥쪽으로 옮기고 비닐 백으로 들어가서 잠갔다.

사태가 심상치 않게 돌아감을 예상한 용병들은 창고에 들어오자마자 서둘러 수송용 비행기에 몸을 실었다. 그들은 비닐 백 세 개를 들어 비행기 안으로 급하게 옮겼다. 우선 신고려를 급히 떠나는 것이 상책이었다. 용병들은 시신을 담은 비닐 백을 화물칸에 내려놓고 안으로 들어갔다. 비닐 백 안에 숨어 있는 철수 일행은 숨을 죽이며 사태를 파악했다. 비행기 엔진 소리가 크게 들리고 몸체가 흔들리더니 공중으로 날아오르는 듯한 느낌이 들었다.

10여 분 지난 후 블랙은 비닐 백을 열고 나와 레드와 철수가 들어 있는 백을 열었다. 용병들이 술을 마시며 자축하는 분위기였다. 비행기는 신고려 영공을 떠나 태평양을 날고 있었다. 길고 긴 여행이 될 듯 싶었다.

다음 날 정오. 철수가 아무것도 먹지 못한 것을 눈치챈 레드는 화물

칸을 뒤져 비상식량을 찾아냈다. 조리 기구가 없었지만 굶는 것보다는 낫기에 그냥 먹게 했다. 안쪽에서는 인기척이 없었다. 용병들이 밤새워 술을 마시고 곯아떨어진 듯했다. 그런데 블랙이 보이지 않았다. 레드는 근심스런 표정으로 주위를 둘러보았다. 잠시 후 블랙이 나온 곳은 놀랍게도 화물칸 안쪽이었다. 레드는 눈을 크게 뜨고 어떻게 그곳으로 들어갔느냐고 물었다. 블랙은 로보비 상자를 톡톡 두드렸다. 수많은 로보비 중에 마취용 로보비가 있었다. 블랙은 용병들이 술에 취해 쓰러진 사이에 로보비를 날려 이들을 마취시키고 태연자약하게 안으로 들어갔다 나왔다. 레드는 블랙을 노려보며 말했다.

"그러다가 들키면 어떡하려고?"

"걱정하지 마, 안 들켰으니까. 그나저나 내가 찾은 것을 좀 봐 봐. 비행지도 같은 건데 우리가 도착할 곳은 미국이 아니야."

"미국이 아니라면?"

"태평양에 있는 무슨 섬 같은데, 이름도 없어."

"어디인지 짐작 가는 곳도 없고?"

"응, 아무래도 벙커에 있는 아이들에게 도움을 요청해야겠어."

"여기는 태평양 상공이야. 아이들하고 어떻게 연락하려고?"

"아이들의 실력을 무시하는 거 아냐? 이 박스에 설치된 컴퓨터는 세계의 어떤 인공위성과도 연결되는 슈퍼컴 같은 거야. 아마 주근깨가 디자인했을 텐데. 너는 하데스가 최고의 해커라고 생각할지 모르지만 진짜 실력자는 주근깨야. 걔 별명 모르지?"

"주근깨 형이 해커였어? 발명 천재가 아니고?"

철수가 끼어들었다. 블랙은 철수를 보며 말했다.

"주근깨가 '제우스'야."

"뭐라고? 주근깨 형이 그 유명한 제우스라고? 말도 안 돼."

"난 주근깨가 발명한 로보비를 보면서 확신이 들었어. 드론을 넘어서는 소형 비행체에 대한 개발은 사실 오래전부터 시작되었어. 그것을 알고 있는 것은 강원우 박사님과 나, 그리고 몇몇 최상의 과학자들뿐이지. 그런데 로봇연구소의 메인 컴퓨터에 누군가 침입한 거야. 그러고는 소형 비행체와 관련된 기초 자료들을 해킹해 갔지. 로봇연구소의 방어막을 누가 구축했는지 알아?"

"당연하지. 우리 아빠잖아."

"그래. 세계 최고의 프로그래머가 만든 방어막을 뚫어 버린 거지. 그래서 우리는 미국이나 중국이 뚫은 줄 알고, 역추적 프로그램을 데이터 안에 숨겨 두었어. 그런데 누가 걸렸는지 이제 짐작할 수 있지?"

"주근깨 형이야?"

"그래. 해킹 후에 자상하게도 제우스란 이름을 모니터에 올리는 그 유명한 해커가 이제 고작 중3 나이에 해당하는 주근깨였어. 나한테 드론 기술과 프로그로밍을 배웠지만, 이미 나의 능력을 넘어섰다구. 그러니 걱정하지 말고 연락해도 되겠지? 그럼, 통신 시작!"

저쪽에서 주근깨가 나타났다.

"안녕하세요. 하도 연락이 안 돼서 난 무슨 일이 일어난 줄 알았어요. 지금 어디예요? 박사님들의 위치가 옮겨졌어요. 지금은……."

"태평양의 어떤 섬이지?"

"어떻게 알았어요? 이름도 없는 무인도 같은 데서 계속 신호가 와요."

"걱정하지 마. 우리가 지금 그곳으로 가고 있으니까."

"정말이요? 어떻게요?"

"자세한 이야기는 나중에 하고, 그 섬에 대한 위성사진이 필요해. 될 수 있는 한 자세한 정보도."

"그럴 줄 알고 미리 조사해 놨어요. 겉으로 보기에는 무인도처럼 보이지만, 위성사진을 확대해 보니 섬 전체가 벙커 같았어요. 섬 입구에는 로봇들이 경계를 서고 있었구요. 한 시간 전에 비행기 한 대가 착륙했는데, 섬 앞쪽이 열리더니 그 밑으로 들어가더라구요."

"자세히도 관찰했군. 바로 거기가 Q본부야. 어제 하데스가 말한 그 군산복합체 Q."

"저도 거기가 본부라고 짐작했어요. 하데스가 준 정보에 따르면 Q는 미국, 중국, 러시아가 합작해서 만든 기업이에요. 물론 최대주주는 미국이지만요. 보통 위험한 곳이 아닌 것 같은데, 괜찮겠어요?"

"부딪쳐 봐야지. 나머지 아이들은?"

"검은테는 밤새 작업하다가 방금 집에 가서 씻고 온다고 나갔고, 하데스는 지금 화장실에 있어요. 불러 올까요?"

"아니 됐다. 제우스."

"뭐라구요?"

"제우스라고."

주근깨는 멋쩍은 듯 씩 웃었다.

"언제 알았어요?"

"안 지 얼마 안 됐어. 사실 로보비에 대한 기술은 강원우 박사님의 연구 프로젝트 안에 있었거든. 그게 얼마 전에 해킹됐는데, 네가 나에게 준 박스 안에 고스란히 그 기술의 결과물이 들어 있더구나. 게다가 강원우 박사님의 연구 수준을 넘어서 개발된 상태로. 그때 나는 네가 제우스임을 직감했지."

"그랬군요. 나도 위험을 감수하고 보여 드린 거예요. 사정이 다급하지 않았다면 보여 드리지 않았을 텐데. 해킹은 미안해요."

"아니다. 덕분에 우리가 지금까지 무사하니까. 도리어 고맙다. 조사한 데이터를 보내 줘. 한 시간 후에는 이 비행기도 그 섬에 도착할 테니까. 그 전에 충분히 검토해야겠다."

"네, 이상 통신 끝!"

레드와 철수도 블랙 뒤에서 제우스를 향해서 손짓을 날렸다.

잠시 후 섬에 대한 정보와 함께 강원우가 만든 생체 리듬 위치 추적 프로그램이 도착했다. 철수 일행은 각자의 전자 칩에 위치 추적 프로그램 장치를 설치했다. 이제 박사 부부의 위치뿐만 아니라 철수, 블랙, 레드의 위치 정보를 서로 확인 할 수 있었다. 게다가 서로 무선 통신이 가능하도록 설계되어 있었다. 제우스가 강원우의 프로그램을 더욱 업그레이드 시켜 보내 준 것이다. 강력한 보안과 통신 장치를 장착한 위치 추적 장치를.

철수 일행을 실은 비행기는 한 시간쯤 지나자 태평양 한가운데 있는 섬에 도착했다. 바위로 위장된 격납고의 문이 열리자, 활주로가 보였고 거대한 수송선이 충분히 들어갈 공간이 확보되어 있었다. 수송선의 프로펠러가 멈추고 기체가 완전히 정지하자, 수송선이 통째로 지하 창고로 이동되었다. Q본부의 크기를 짐작할 수조차 없었다. 철수 일행은 다시 비닐 백 속으로 들어갔다. 수송선에 타고 있던 용병들이 내리면서 비닐 백을 들고 의료시설에 있는 시신 보관 창고로 이동시켰다. 다행히 백을 열고 확인하지 않았다. 시간이 얼마쯤 흐르자 사방이 조용해졌다. 철수 일행은 백을 열고 밖으로 나왔다. 시신 보관 창고에는 다행히 그들밖에 없었다. 밖의 사정을 알아야 했다. 블랙은 가방을 열어 로보비를 날렸다. 15분쯤 지나자 로보비가 보내온 영상으로 Q본부의 3D 영상을 확보할 수 있었다. 철수 일행은 지하 2층에 있었고, Q본부는 지하 5층, 지상 5층으로 지어져 있었다. 외부에서 보면 그저 섬에 불과하지만, 내부는 거대한 요새였다.

지상 층은 활주로와 격납고, 지하 1층은 온갖 비행기들이 즐비했고, 지하 2층은 식당과 의료 시설, 지하 3층은 무기 제작 시설, 지하 4층은 신형 로봇과 새로운 무기들의 전시장 같았다. 거기에는 각국에서 최첨단 무기를 사러 온 무기상들이 모여 있었다. 무기의 시연을 기다리고 있는 듯했다. 가장 아래인 지하 5층은 발전 시설과 급수시설, 컴퓨터 전산 시설 등이 있었다. 지상 2층은 연회실과 사무 시설, 지상 3층은 숙소, 지상 4층은 관제센터, 가장 꼭대기 층은 최고위 층이 머무는 장소 같았다. 납치된 김원우 부부는 지상 5층에 있었고 경비가 삼엄하여 침입이 거의 불가능한 장소였다.

위장이 필요했다. 의논한 결과 블랙은 경비병으로, 레드는 무기상으로, 철수는 천재 해커 제우스로 위장하기로 했다. 로보비가 보내온 영상 중에서 신분증을 복사하여 위조하고 각자의 사진을 붙여 의료시설에 설치되어 있는 3D 프린터로 신분증을 만들었다. 부상당한 병사의 장기를 복제하여 수술하기 위해 설치한 생체 복제 3D 프린터로 신분증을 복사한 것이 미안하기는 했지만 어쩔 수 없는 일. 3D 프린터실에 근무하던 직원은 이미 로보비에게 마취되어 책상에 편안히 엎드려 있었다.

블랙과 철수는 지하 5층으로 내려가기로 했다. 강원우가 철수에게 전송한 프로그램으로 Q본부의 보안 시스템을 교란한 틈을 타 박사 부부를 구출하는 것으로 작전을 짰다. 레드는 지하 4층으로 내려가 무기상 사이에 섞여 동태를 파악하기로 했다. 안전한 작전은 아니었으나, 현재 3명밖에 없는 상황에서 최선의 방법을 찾아내기 힘들었다. 위험하면 무리하지 말고 다시 창고에 모이기로 했다. 철수 일행은 승강기로 재빨리 이동하여 아래층으로 향하는 단추를 눌렀다. 승강기는 굉음을 일으키며 내려오고 있었다. 철수의 손에서 땀이 배어나왔다.

땡, 땡, 땡, 때앵.

승강기 문이 열렸다. 블랙은 안도의 한숨을 쉬었다. 승강기가 비어 있었다. 빨리 승강기에 몸을 싣고 문을 닫았다. 지하 4층과 5층 단추를 눌렀다. 문이 큰 소리를 내며 닫히고, 승강기는 아래를 향해 이동했다. 지하 4층에서 승강기의 문이 열리자, 레드는 아무렇지도 않은 듯이 승강기에서 내렸다. 레드의 손에는 로보비 상자가 들려 있었는데, 겉으로 보기에는 고급 서류 가방처럼 보였다. 승강기가 닫히고 아래로 내려가기 시작했다.

8

잠입

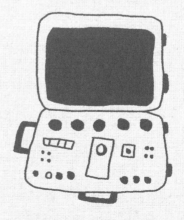

레드가 무기 시연장에 들어서자 주변 인물들이 레드를 힐끗 거리며 쳐다보았다. 밝은 조명 아래에서 레드는 눈부시게 아름다웠다. 레드는 당당한 표정으로 그들 사이를 가로 질러 시연장의 맨 앞으로 나아갔다. 아무도 레드를 가로막지 않았다. 레드의 가슴에는 프랑스 국적의 방문객 명찰이 걸려 있었다. 때마침 시연장 맨 앞에서 마이크 소리가 들려왔다.

"오래 기다리셨습니다. 우리 회사 제품들을 애용해 주신 여러분께 심심한 감사를 드립니다. 오늘 우리가 선보이는 제품은 그간 여러분께 보여 드린 것과는 차원이 다릅니다. 그동안 우리 회사는 전쟁터에서 인간 대신 전쟁을 수행할 전투 로봇을 많이 개발하여 판매해 왔습니다. 그러나 기존의 전투 로봇들은 디자인이 인간과 워낙 달라 파괴력은 뛰어나지만 위장력과 침투력에는 한계가 있었습니다. 이번에 개발한 전투 로봇은 그러한 한계를 극복하여 인간과 구별할 수 없도록 외형을 디자인했을 뿐만 아니라, 전투력도 기존의 전투 로봇의 배로 증가시켰습니다. 자, 더 이상 말로 설명하기보다는 직접 보시지요. A-1입니다."

조명등이 오른편을 비추자, 거기에는 영락없이 사람으로 보이는 로봇 하나가 서 있었다. 옷도 일반인이 흔히 입는 캐주얼한 복장이었다. 로봇은 머리에 헤드폰을 끼고 음악 감상을 하며 건들거리는 걸음으로 앞으로 걸어오고 있었다. 그러다가 기존의 전투 로봇이 그를 포위하자 순간 걸음을 멈추었다. 전투 로봇들은 그를 향해 총을 쏘아 대기 시작했다. 그러자 그는 엄청 빠른 속도로 총알을 피하면서 공중으로 날아올라 전투 로봇을 향해 반격했다. 순식간의 일이었다. 전투 로봇 다섯 대가 차례로 쓰러졌다. 이 광경을 바라보던 무기상들은 모두 놀란 표정으로 말없이 서 있었다. 박수가 터져 나온 것은 한참 후였다. 신형 로봇을 소개하던 사람은 흡족한 미소를 띠며 말을 시작했다.

"이 신형 로봇 A-1은 암살자를 뜻하는 어쌔신(Assassin)에서 첫 글자를 따왔습니다. 이 로봇은 비전투지도 쉽게 침투할 수 있고, 자신을 공격하는 대상을 정확히 파악하여 공격을 피할 수 있을 뿐만 아니라 정해진 대상을 정확히 제거하는 용도로 개발되었습니다. 공격과 방어의 순간 반응 속도는 기존의 로봇들은 감히 따라올 수 없다고 장담합니다."

레드는 A-1을 바라보며 슬쩍 공포를 느꼈다. 파괴하는 데 아무런 감정도 느끼지 못하는 이 로봇에게 공격당한다면 자신은 도저히 당해 낼 수 없을 것만 같았다. 블랙이라면? 아마도 전투력은 비슷하겠지만 감정을 가지고 있는 블랙과 오로지 파괴 목적만 가지고 있는 전투형 로봇의 대결에서 블랙이 이길 수 있을까? 레드는 자신뿐만 아니라 철수와 블랙이 지금 아주 위험한 상황에 놓여 있음을 절감했다.

두 번째로 소개된 T-1 역시 가공스럽기는 마찬가지였다. 파괴자라는 뜻의 터미네이터(Terminator)에서 첫 글자를 딴 T-1은 A-1보다 덩치가 배는 커 보였으며, 동작은 A-1보다 느렸지만 파괴력에 있어서는 A-1을 훨씬 능가했다. A-1이 요인 암살용이라면 T-1은 건물 파괴용 로봇이었다. T-1 역시 인간의 모습을 쏙 빼닮아 로봇이라고 말해도 믿기지 않을 정도였다. 이놈에게 걸리면 뼈도 못 추릴 게 분명했다.

T-1의 시연이 끝나자 우레와 같은 박수 소리가 터져 나왔다. 시연장은 마치 축제장을 방불케 했다. 신형 로봇을 소개한 사람은 직접 이들과 대화를 나눠 보라고 권유했다. 이들은 인간과 대화도 자연스럽게 나눌 수 있도록 프로그램된 것이다. 시연이 끝나자 지하 4층은 연회장과 같은 분위기로 바뀌었다. 간단한 음식과 술과 안주가 차려졌고, 한편에 설치된 무대에서는 연주단이 자리를 잡고 연주를 시작했다. 본격적인 흥정의 시간이었다.

레드는 무리들과 자연스럽게 어울리면서 신형 로봇에게 다가갔다. 만약에 이들에게 자신이 로봇임을 간파당한다면 낭패겠지만, 신형 로봇의 정확한 성능을 파악하기 위해서는 감수해야 할 위험이었다.

미남형의 A-1이 레드가 다가오자 명찰을 바라보며 말을 건넸다.

"마드모아젤, 아름다우십니다. 성함이 레드시군요."

"아, 네. 오늘 시연 인상 깊었어요."

"만족하셨다니 정말 기분이 좋습니다."

"이름이 어떻게 되시나요?"

"에이원입니다."

"그건 제품명이고, 저는 이름을 물었는데요."

A-1은 잠시 당황하는 눈빛을 보이더니, 금세 표정을 바꾸어 대답했다.

"나는 가는 곳마다 이름을 바꾼답니다. 지금은 그냥 토마스라고 불러 주세요."

"아, 그렇군요. 토마스, 미남이시네요."

"감사합니다. 하하하."

"저도 만나서 반가웠어요. 그럼 이만, 실례."

오랫동안 말을 섞는 것은 위험해 보였다. 레드는 자리를 옮겨 무기상들과 섞여 대화를 나누었다. 슬쩍 A-1을 보니 A-1은 어느새 다른 사람들과 이야기를 나누고 있었다. 레드는 안도의 한숨을 쉬고 연회석의 외딴 곳으로 이동하여 블랙과 통신을 시도하려고 했다. 생체 위치 추적 장치에 따르면 그들은 지하 5층에 있었는데, 움직임이 거

125

8

공문

의 없었기 때문이다. 통신이 되지 않았다. 불안했다. 로보비를 날리고 싶지만 공개된 장소라 눈에 띠는 행동은 하지 않는 게 나았다. 그렇다고 연회장을 벗어나면 더 이상할 것 같았다. 불안해진 레드는 연회장에 놓여 있는 레드와인을 급하게 한 잔 마셨다. 맛있었다. 이 와중에도 와인의 맛을 느끼는 자신에게 모순을 느끼며 다시 한 잔을 채웠다.

주변을 둘러보았다. 아까부터 자신을 지켜보는 시선이 있는 것 같았다. 로봇을 소개하며 사회를 보던 사람이 레드에게 다가왔다. 레드는 빠르게 머리를 굴리기 시작했다.

"아름다운 여인이 혼자서 와인을 마시니, 예의가 아닌 것 같아서 이렇게 왔습니다. 뭐 불편하신 거라도 있으신가요?"

레드는 그의 명찰을 쳐다보았다. 리처드 왓슨. 그의 이름이었다. 아래 직함에는 보안 책임자라고 쓰여 있었다. 레드는 순간 당황했지만 얼굴빛을 바꾸며 대답했다.

"아니에요, 왓슨 씨. 지하에 있으니까 조금 답답해서요."

"리처드라고 불러 주세요. 그럼 숙소로 안내해 드릴까요?"

리처드는 능글맞은 얼굴로 레드를 쳐다보았다. 레드의 신분을 위장했으나, 숙소까지 정보를 변경한 것은 아니었다. 레드는 임기응변으로 재빨리 대답했다.

"아니에요. 화장을 잠시 고치려는데, 화장실이?"

"아, 화장실이요. 제가 안내해 드리겠습니다."

거절한다고 떨어질 것 같지는 않았다.

"네, 그럼 부탁드려요."

"이리로 오시지요."

레드는 리처드의 안내를 받으면서 생각했다.

'만약에 이 자가 내 신분을 확인하고 숙소를 알아내려 한다면 신분이 가짜임이 발각될 것이다. 그 전에 이 위험에서 벗어나야 한다. 달리 방법이 없다.'

다행히 화장실은 연회장이 보이지 않는 곳이 있었다. 리처드는 레드를 화장실로 안내한 다음 밖에서 기다리겠다고 말했다. 레드에게 작업을 거는 것이 확실했다. 레드는 화장실 안으로 들어가자마자 고함을 질렀다. 리처드가 황급히 화장실 안으로 들어왔다. 레드는 화장실 문 앞에 있다가 리처드를 순식간에 제압하고 거꾸러트렸다. 레드는 그를 화장실 안으로 이동시키고 그의 카드 키를 확보한 후, 리처드를 묶고 입을 테이프로 봉한 다음 화장실 문을 닫고 태연자약하게 밖으로 나왔다. 어느 정도 시간을 번 것이다. 방문객의 숙소인 지상 3층으로 향했다. 지하 5층으로 무작정 내려가는 것보다는 숙소로 올라가 동정을 살피는 것이 나을 듯싶었다. 그리고 보안 책임자의 카드 키가 있으니 박사 부부를 탈출시킬 수도 있으리라. 레드는 승강기 앞으로 걸어가 상층으로 가는 단추를 눌렀다.

레드가 지하 3층에서 신형 로봇을 감상하는 동안 블랙과 철수는 지하 5층에 도착했다. 컴퓨터 전산 시설 앞은 경비병 두 명이 지키고 있었다. 블랙은 이들에게 컴퓨터 보안 점검을 하러 왔다고 말했다. 경비병들은 센터에 확인해 보겠다며 무전기를 들었다. 그 순간 블랙은 급히 몸을 놀려 두 경비병을 제압했다. 경비병들은 의외로 쉽게 제압되었다. 경비병의 카드 키로 컴퓨터 전산 시설에 잠입한 철수는 시설의 컴퓨터에 보안 해제 프로그램을 설치하기 위해 전산망을 열었다.

전산 시설의 컴퓨터는 예상한 대로 보안망이 5중으로 철저하게 쳐져 있었다. 강원우의 보안 해제 프로그램으로 3단계까지는 침투할 수 있었으나 4단계부터는 난공불락이었다. 불확정한 시간에 보안 코드가 변경되는 난코스였다. 블랙은 전산 시설 밖에서 경비병처럼 위장하고 보초를 서고 있었다. 시간이 예상 외로 오래 걸리자 철수는 초조해졌다. 보안 코드를 다섯 번 이상 잘못 입력하면 시설 전체가 자동으로 폐쇄되도록 설계되어 있었다. 다섯 번째 시도를 하던 철수의 손이 심하게 떨렸다. 이번에도 실패한다면 모두가 위험에 빠진다. 철수는 블랙을 쳐다보았다. 블랙은 철수가 초조해하는 모습을 보이자 내심 불안했지만, 싱긋 웃음으로 철수를 달래려 했다. 철수가 보안 코드를 누르고 엔터키를 쳤다.

'삐, 삐, 삐, 삐……'

경고음이 크게 울리면서 각 층과 칸마다 두터운 철문이 내려오기 시작했다. 실패였다. 철수는 블랙을 바라보며 울상이 되었다. 사태를 파악한 블랙은 철수를 전산실에서 빼내 탈출을 시도했다. 느리게 닫히는 철문 아래로 미끄러지듯 빠져나왔으나 승강기가 작동하지 않았다. 옆에 있는 비상문으로 탈출하려고 했지만 마찬가지로 꼼짝도 하지 않았다. 영락없이 갇힌 것이다. 로보비 상자라도 있었더라면 어떻게 폭파라도 하고 탈출하겠지만, 지금 그 상자는 레드가 가지고 있다. 블랙은 긴급히 레드와 통신을 시도했다. 하지만 시설이 폐쇄되면서 모든 통신이 두절되었다. 탈출구는 어디에도 없었다. 블랙은 철수를 끌어안고 서 있을 수밖에 없었다. 지하 5층은 불마저 꺼지고 붉은 비상등만 깜빡이고 있었다.

얼마의 시간이 흘렀을까. 불이 켜지고 지하 5층의 승강기 문이 열렸다. 블랙은 전투태세로 승강기 안으로 달려 들어갔다. 그러나 승강기에는 아무도 없었다. 블랙은 철수를 승강기 안으로 불러들였다. 혹시 레드가? 확인할 수 없었다. 블랙은 불안한 마음으로 철수를 안았다. 철수는 두려움에 사지를 떨고 있었다. 승강기 문이 저절로 닫히고 움직이기 시작했다. 블랙이 단추를 눌러 보았지만 작동되지 않았다. 이번에는 영락없이 승강기에 갇힌 신세가 되어 버렸다.

B4…… 그냥 통과했다. 레드는 무사할까?

B3…… 통과.

B2…… 만약에 일이 제대로 되지 않는다면 레드와 여기서 만나기로 했는데…….

B1…… 비행기 격납고다.

1…… 통과

2…… 무슨 일이 일어난 걸까?

3……

4…… 설마?

5. 땡.

블랙과 철수는 지금 Q본부의 가장 꼭대기 층에 도착했다. 최고 위층만 머무르는 곳. 박사 부부가 갇혀 있는 곳. 문이 열렸다. 혹시나 하는 기대는 문 앞에서 총을 겨누고 있는 A-1과 T-1을 포함한 경비병들을 보고 좌절감으로 변했다. 총을 겨누고 있는 경비병들 뒤로 멋지게 생긴 중년 신사가 반가운 듯이 이들에게 팔을 벌렸다.

"어서들 오시오. 환영합니다."

경비병들이 총을 거두고 옆으로 나란히 비켜섰다. A-1과 T-1은 중년 신사 옆으로 자리를 옮겼다.

"자네가 철수지? 그 옆은? 어쨌든 부모님을 만났으니 즐거운 상봉을 해야지."

바다가 보이는 넓은 거실에 놓인 하얀 소파에 강원우와 김나래 박사가 불안한 듯 앉아 있다가, 철수를 보자 벌떡 일어났다. 철수는 부모님을 보고는 소리를 지르며 달려가 안겼다. 강원우 부부도 철수를 얼싸안고 얼굴을 쓰다듬었다. 중년 신사는 이 모습을 흐뭇하게 지켜보며 말했다.

"그렇게 힘들게 찾았는데, 이렇게 제 발로 찾아왔으니 우리의 수고를 덜어 준 셈이네. 그래 이 먼 곳까지 철수 혼자 오지는 않았을 것이고, 그럼 철수 옆에 서 있는 저 뚱뚱한 분이 강원우 박사의 최고 작품이 되겠구먼. 자넨 이름이 뭔가?"

중년 신사의 질문에도 블랙은 아무 말 없이 그를 지켜보고만 있었다. 중년 신사는 표정 하나 바뀌지 않고 말을 이었다.

"그래, 너무 쉽게 잡혀 어이가 없어서 그러나? 속상해하지 말게. 자네를 해칠 의도는 없으니까. 세계 최고의 작품에 맞는 대접을 해 드려야지. 자네도 이리 와 편히 앉게."

블랙은 경계를 늦추지 않고 천천히 걸어 철수와 박사 부부가 있는 곳으로 가서 섰다. 여차하면 철수만이라도 끌어안고 창문을 깨고 바다를 향해 몸을 던질 심산이었다. 중년 신사는 블랙의 표정을 자세히 살피며 말했다.

"강원우, 김나래 박사가 만든 로봇이 둘이라고 들었는데, 한 분은 여기 이 자리에 있고, 다른 한 분이 안 보이네? 어디 계신가? 괜히 헛수고하지 말고 이리로 올라오시라고 하게."

블랙은 이 말을 듣고, 아직 레드가 잡히지 않은 사실을 확인했다. 다행이었다. 하지만 혼자 남아 있는 레드가 이 어려운 상황을 극복할 수 있을지는 절망스러웠다. 자신이 너무도 쉽게 잡힌 것이 억울했다. 그때 생체 위치 추적 장치에서 신호음이 들려왔다. 레드는 3층에 있었다. 그렇다면 레드 역시 현재 모든 식구가 5층에 있음을 확인했을 것이다. 아직은 희망이 있다.

이 모습을 지켜보던 중년 신사가 빙긋 웃으며 입을 열었다.

"통신을 다시 하니까 기분이 좋은가? 이제 막 통신 차단 장치를 풀었거든. 이제 위치를 이야기해 주지 않아도 괜찮네. 어차피 나머지 한 분이 이쪽으로 올 테니까. 자, 그럼 눈물겨운 가족 상봉을 감상해야겠군."

블랙은 깜짝 놀랐다. 중년 신사가 얼마만큼 자신들에 대해 알고 있는지 갑자기 두려워졌다. 레드마저 잡히게 해서는 안 된다. 블랙은 통신을 통해 레드에게 말했다.

"오지 마, 함정이야."

블랙이 다급한 목소리로 위험 신호를 보냈음에도 중년 신사는 미동도 하지 않았다.

"천천히 둘러보고 오시라고 해. 어차피 밖으로 나가는 방법은 모두 차단되었을 테니까. 그런데 너무 늦게 오지는 마시라고 하게. 함께 나눠야 할 중요한 이야기가 있으니까. 그래도 끝까지 저항하시겠다면, 뭐 어쩔 수 없지. 우리 아이들을 풀어 완전히 파괴하지는 말고 적당히 손 좀 봐서 데리고 오는 수밖에. 최고의 작품 하나가 망가지는 것은 안타깝지만 어차피 여기에 그 작품을 만든 최고의 과학자들이 있으니 큰 걱정거리는 아니겠지."

비아냥거리는 소리에 갑자기 강원우가 일어나서 크게 외쳤다.

"그만해, Q. 이제 됐으니까."

그러자 중년의 신사는 강원우를 쳐다보며 천천히 말했다.

"옛 친구의 이름을 잊었나 보네. 자네와 MIT에서 로봇을 연구하던 시절이 참 그리웠는데. 그때 자네와 내가 김나래 박사를 두고 얼마나 경쟁했나? 자네는 수줍어서 말도 못 붙였지만, 나야 넉살이 좋으니 김나래 박사와 아주 친하게 지냈는데. 안 그래요. 나래 씨?"

김나래 박사는 아무 말 없이 중년 신사를 노려보기만 했다.

"어이, 이거 둘이 단단히 토라지셨나 보네. 내가 납치를 해서 그러나? 물론 무리한 방법이긴 했지만 그건 어디까지나 자네들을 아끼고 보호하기 위해서야. 자네 자식과 소중한 작품들도 말이야. 조만간 자네 나라가 풍비박산 날 텐데. 그 속에 자네들을 둘 수가 있어야지. 그러니 그만 기분들 푸시게. 난 자네들의 적이 아니야. 친구야 친구."

블랙은 지금 이들 사이에서 오고가는 이야기를 하나도 감을 잡을 수 없었다.

'저 Q라는 사람은 누군가? 그리고 저 사람과 두 박사님이 미국의 MIT를 나왔다니, 이건 또 무슨 말인가?'

의아해하기는 철수도 마찬가지였다. 철수도 너무나 놀라 가만히 이들의 이야기를 듣고만 있었다. 김나래는 철수를 더욱 세게 끌어안을 뿐 아무런 말도 하지 않았다.

그때였다. 승강기에서 땡 소리와 함께 문이 열리고 로보비들이 날아 들어왔다. 블랙은 로보비를 보자 철수와 박사 부부를 끌어안고 바닥으로 엎드렸다. 순간 로보비들이 연속으로 폭발하기 시작했다. 강원우는 블랙에게 철수를 안기며 도망가라고 말했다. 이것저것 생각해서는 안 된다. 블랙은 철수를 끌어안고 전력 질주로 승강기를 향해 달렸다. 승강기 안쪽에서는 레드가 경비병들을 향해 총을 쏘면서 블랙을 엄호했다. 블랙이 승강기로 들어가려는 순간 블랙의 등 뒤에서 커다란 폭발음이 들렸다. T-1이 쏜 유도탄에 블랙이 맞은 것이다. 블랙은 철수를 승강기 안쪽으로 밀어 던지며 외쳤다.

"도망가!"

블랙이 쓰러졌다. 레드는 철수를 끌어안고 승강기 문을 닫았다. 승강장을 향해 쏘아 대는 총알은 승강기 문에 맞아 튕겨 나갔다. 승강기는 아래로 내려가기 시작했다. 블랙은 쓰러진 채 승강기가 내려가는 소리를 들었다. 온몸에서 기운이 빠져나가는 느낌이었다. 블랙은 서서히 눈을 감았다. '죽음이란 이런 것이군.' 블랙은 눈을 감은 채 사방이 어두워짐을 느꼈다.

9

반격의 시동

승강기문이 닫히자, 레드는 철수를 끌어안고 3층 단추를 눌렀다. 3층은 귀빈 숙소가 있는 곳이기 때문에 경비가 느슨했다. 그리고 레드가 몸을 숨기고 있었던 곳도 3층이었다. 레드가 보안 책임자 리처드의 카드 키로 제일 먼저 한 일은 방문자 리스트에 자신의 이름을 넣고, 3층 귀빈 숙소에 방을 배정한 것이다. 이제는 명실상부 최첨단 무기를 사기 위해 Q본부에 극비리에 방문한 프랑스 무기상이었다. 혼자 떨어져서 지내는 것보다는 무리 속에 숨어 있는 것이 안전했다.

블랙이 자신의 눈앞에서 쓰러지는 것을 보면서 승강기문을 닫을 때 하늘이 무너질 정도로 고통스러웠지만, 지금 당장은 철수를 보호하는 것이 최우선이었다. 3층에서 문이 열리자, 레드는 철수를 데리고 승강기 바로 옆에 위치한 302호로 들어갔다. 방 안에 들어가 문을 잠갔다.

철수는 아직도 정신을 차리지 못하고 멍하니 서 있었다. 레드는 철수를 흔들며 말했다.

"철수야 내 말 잘 들어. 부모님이 너를 블랙에게 맡긴 것은 자신들은 어찌되었든 너를 보호하려는 마음이야. 그런데 지금 이 자리에 블랙은 없어. 너와 나뿐이야. 우리가 정신을 차려야 희망이 있어. 힘들지만 정신을 차려!"

철수는 레드의 이야기가 귀에 들어오지 않았다. 아직까지도 아수라장이 된 폭파 현장에 있는 것만 같았다. 귀에서는 이명이 사라지지 않았다. 부모님은 안전한지, 블랙은 얼마나 다쳤는지 아무것도 확인할 수 없는 상황이 절망적이었다.

레드는 철수를 소파에 앉히고 밖의 동정을 살폈다. 승강기 문이 열리고 경비병들이 몰려나왔다. 레드는 급히 문을 닫았다. 이들은 이제 각방을 수색할 것이다. 도망칠 수 없다면 숨어야 했다. 레드는 철수를 옷장에 숨기고, 자신은 샤워실에서 몸을 적신 후, 큰 타월을 걸치고 거실로 나왔다. 예상대로 노크 소리가 들려왔다. 레드는 타월을 걸친 차림 그대로 방문을 열었다. 경비병들은 레드의 모습을 보고 당황했다. 레드는 난처한 표정을 지으며 물었다.

"무슨 일이죠?"

경비병들은 레드를 똑바로 쳐다보지도 못한 채 물었다.

"혹시 아이 하나를 데리고 도망치는 사람을 보지 못했나요?"

"아이라니요? 누가 납치라도 했나요?"

"납치는 아니고, 도망이라고 해 두죠."

"아이가 도망을 쳤다고요? 무슨 일로요?"

경비병은 머리를 절레절레 흔들었다.

"됐습니다. 혹시 남자아이 하나와 다니는 사람을 보면 저희에게 연락해 주십시오."

레드는 그들에게 고개를 끄덕이고 수줍은 듯이 문을 닫았다. 경비병의 진술을 통해서 확인한 것은, 레드의 정체를 정확히 알지 못한다는 것이었다. 심지어 여자라는 사실도. 그러나 문제가 해결된 것은 아니다. 레드와 철수가 잡히는 것은 시간문제였다. 빠른 시간 안에 좀 더 안전한 곳으로 거처를 옮겨야 한다. 그러나 우선은 정신을 차려야 한다. 레드는 식당에 전화를 해서 식사를 시켰다. 음식은 이내 배달되었다. 레드는 식탁에 음식을 차리며 철수에게 말했다.

"우리가 절망적인 상황에 빠졌다는 것은 나도 알아. 하지만 이러한 상태에서도 우리는 먹어야 해. 먹고 기운 차리고 대책을 마련하자."

"싫어, 다 싫단 말이야. 엄마 아빠가 잡혀 있고, 삼촌은 어떻게 됐는지도 모르는 상황에서 이모는 음식이 입으로 들어가? 난 지금 죽을 것 같단 말이야. 미치겠다고!"

레드는 식탁 차리는 것을 멈추고 철수를 보며 큰소리를 냈다.

"아무리 힘들어도 죽는다는 이야기는 함부로 하는 게 아니야. 지금 너 한 명 살리려고 박사님들과 블랙이 죽을 고생을 했어. 그런데 고작 너는 죽는다는 소리를 하고 있다니. 이 사실을 박사님들이 알면 어떤 느낌일까? 너를 살리려고 쓰러진 블랙이 네가 그토록 용기 없는 사람이었음을 알면 어떻게 생각할까? 지금은 절망하거나 죽어야 할 때가 아니라, 죽을힘을 다해 싸워야 할 때야. 잔말 말고 먹어."

철수는 레드가 자신에게 화를 내는 것을 처음 보았다. 레드의 말은 맞았다. 지금까지 안 잡힌 사람은 철수와 레드뿐이었다. 이 사실은 철수와 레드만이 지금 사태를 해결할 수 있다는 것이다. 철수는 갑자기 찬물을 머리에 끼얹은 듯 차분해졌다. 음식을 보았다. 간단한 샌드위치와 오렌지 주스였다. 철수는 조용히 샌드위치를 먹기 시작했다. 레드도 철수 옆에 앉아 와인을 한 모금 마셨다. 긴장하면 실수하고, 실수하면 잡힌다. 긴장을 푸는 데는 와인만한 것이 없다.

3층에 머물 수 있지만 머무는 것이 능사는 아니었다. 저들이 공세를 취하기 전에 먼저 기습해야 한다. 그러기 위해서는 무장해야 한다. 현재 폭파용 로보비도 얼마 남아 있지 않았다. 다시 지하 4층으로 내려가야 했다. 철수를 데려가는 것은 위험했다. 레드 혼자 다녀와야 한다.

"철수야, 위치 추적 장치 켜 놓고 잠시 혼자 방에 있어. 만약 내가 30분 내에 오지 않으면 위험한 줄 알고. 그에 대비해 로보비 박스를 놓고 갈게."

철수는 고개를 끄덕였다. 혼자 있기는 정말 싫었지만 레드에게 부담 주기는 더욱 싫었다. 레드는 철수에게 윙크를 한 다음 방에서 나갔다.

철수는 박스를 열어 드론 동아리와 연결했다. 다행히 연결되었다. 반대편 영상에서 동네 형들이 나타나자 철수는 갑자기 울컥해졌다. 하지만 될 수 있는 한 평정심을 유지하려고 노력했다.

"철수야, 안녕."

제우스였다.

"네, 형. 거기는 어때요?"

"여기는 아주 바빠. 그런데 현우 아저씨의 위치가 추적되지 않아. 어떻게 된 일인지 아니?"

블랙의 위치가 추적되지 않는다는 것은 블랙이 죽었다는 것을 의미했다. 철수는 자신의 생체 위치 추적 장치를 가동시켰다. 역시 블랙이 사라지고 없었다. 철수는 갑자기 눈물이 쏟아졌다. 이 모습을 지켜보던 반대편 영상이 술렁이기 시작했다.

"삼촌은…… 죽었어요. 나를 구하려다."

반대편에서는 아무 말도 없었다.

"지금 무사한 것은 이모하고 나뿐이에요."

침묵이 흘렀다. 침묵을 깬 것은 하데스였다.

"우리가 뭘 도와줘야 하니?"

철수는 잠시 생각하고는 입을 열었다.

"아무래도 우리의 위치에 대해서 과학기술국의 박태수 국장님께 알려야 할 것 같아요."

"괜찮겠어? 그런데 우리가 어떻게?"

"내가 동아리 컴퓨터에 비상 연락 장치를 설치해 놨어요. 박태수 국장님과 직접 연결될 거예요."

철수는 박태수 국장에게 알리라고 말했지만, 자신의 판단이 옳은지는 알 수 없었다. 부모님은 아무도 믿지 말라고 말했다. 경찰국장은 Q의 편임이 드러났다. 과학기술국장은? 모를 일이다. 하지만 이곳에 고립된 채 있을 수는 없었다. 철수는 한마디를 덧붙였다.

"경찰국장은 Q의 편이에요. 그러니까 절대로 경찰국과 동조해서는 안 된다고 말해 줘요."

반대편 영상에 비친 동네 형들의 모습은 놀람 반, 걱정 반이었다. 하데스가 대답했다.

"알았다. 우리가 연락할게. 부디 신중하게 행동해라."

"네, 또 연락해요."

철수가 통신을 끊었다. 오랫동안 연락하면 적들에게 보안망이 뚫릴 수도 있었다. 통신을 끊자 방 안의 침묵이 무겁게 느껴졌다. 시간이 얼마나 흘렀을까? 10분 정도 흐른 것 같았다. 레드는 방 안에 가만히 있으라고 했지만, 방 안에 있다가는 미쳐 버릴 것 같았다. 철수는 문 쪽으로 다가가 조용히 문을 열었다. 그런데 지나가는 경비병과 눈이 마주쳤다. 철수는 당황했고, 경비병은 놀랐다. 경비병은 철수가 열어 놓은 문으로 들이닥쳐 철수를 제압했다.

철수가 몸부림쳤지만 경비병은 요지부동이었다. 철수는 자신의 경거망동을 뼈저리게 후회했다. 이럴 때 레드라도 와 주어야 할 텐데 밖은 너무도 조용했다. 경비병은 철수를 뒤로 결박하고 번쩍 들어 일으켜 세웠다. 철수는 화가 난 표정으로 경비병을 바라보았다. 경비병 역시 놀란 표정으로 철수를 바라봤다. 철수는 경비병이 왜 자신을 보며 놀란 표정을 짓는지 이해가 되지 않았다.

"너, 그 목걸이 어디에서 난 거야?"

경비병은 큰 소리로 철수에게 물었다.

철수는 그제야 경비병이 놀란 이유가 자신이 아니라 목걸이 때문임을 알게 되었다. 목걸이를 알아본다는 것은 영지학회와 관련된 사람이리라. 철수는 최대한 차분하게 말했다.

"영지학연구소에서 할아버지한테 받은 거예요."

"아니야, 장로님이 너에게 그 목걸이를 줄 리가 없어. 너 혹시?"

"아니에요. 장로님을 죽인 것은 내가 아니에요. 우리가 그곳에 갔을 때 이미 장로님은 돌아가시기 일보직전이었어요."

"뭐라고 장로님이 죽었다고?"

"네."

"누가?"

"용병들이요. 나는 용병들이 탄 비행기에 몰래 숨어들어 여기까지 온 거예요."

"그럼?"

"네, 납치된 과학자들이 저의 부모님이에요."

경비병은 엄청 혼란스런 표정을 지었다. 그러더니 고개를 세차게 가로저으며 말했다.

"아니야, 그럴 리가 없어. 너희가 장로님을 해친 거야."

"아니에요. 절대 아니에요!"

"그럼, 아니라는 증거를 보여 봐."

"증거요?"

"그래, 증거."

철수는 갑자기 막막해졌다. 어떻게 증거를 보인단 말인가? 그때였다. 뒤에서 레드의 목소리가 들려왔다.

"데우스 그노시스."

경비병은 깜짝 놀라며 총을 들었다. 레드가 그를 향해 총을 겨누며 천천히 걸어왔다.

"움직이지 마, 죽을 수도 있으니까."

경비병은 레드를 향해 총을 겨누며 말했다.

"네가 죽인 건가?"

레드는 대답으로 아까 이야기했던 주문을 다시 말했다.

"데우스 그노시스."

"데우스 그노시스."

경비병이 따라 외쳤다. 그러고는 총을 천천히 거두었다. 철수가 말했다.

"맞아요. 데우스 그노시스. 할아버지는 돌아가시면서 이 주문을 알려 줬어요. 이 주문을 아는 사람은 우리를 도와줄 거라면서요."

경비병은 머리를 쥐어뜯었다. 장로의 죽음을 인정할 수 없다는 몸짓이었다. 그를 향해 레드가 자상하게 말했다.

"인정하고 싶지는 않겠지만 장로님은 Q조직의 용병들에 의해 살해되었어요. 장로님은 돌아가시기 전에 박사님 부부에 대해서 오해하셨다고 말했어요. 그래서 박사님 부부를 풀어 주려고 하자, 용병이 장로님을 죽이고 박사님 부부를 본부로 데려온 거예요."

경비병은 레드와 철수를 향해 조용히 말했다.

"아직은 100프로 믿을 수 없지만, 장로님의 목걸이를 가지고 영지학회의 비밀스런 주문을 아는 것을 보니 일단 도와주겠어. 여기는 이미 경비병이 쫙 깔렸으니 더 이상 안전하지 않아. 내가 밖에 나가 경비병들을 따돌릴 테니 우선 313호로 가 있어. 거기는 내 숙소라서 안전할 거야. 거기서 꼼짝하지 말고 저녁때까지 기다려. 내가 동료들을 데려갈 테니까. 만약에 나를 속이고 사라져 버린다면 너희를 지옥

에까지라도 쫓아갈 거야."

레드는 경비병의 이야기에 천천히 고개를 끄덕였다. 경비병은 먼저 밖으로 나가 다른 경비병의 주위를 딴 곳으로 끌었다. 그 틈을 이용하여 레드와 철수는 잽싸게 313호로 이동했다.

미스터 Q의
음모

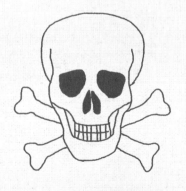

로봇 제작 시설이 있는 지하 3층에 블랙이 누워 있고, 미스터 Q와 강원우가 있었다. 강원우는 파괴된 블랙의 등 부분을 전자 센서로 진단하고 있었다. 그 옆에서 미스터 Q가 강원우의 작업을 찬찬히 살피고는 입을 열었다.

"자네는 나만치 로봇 제작에 미쳐 있었지. 그런데 자네와 내가 결정적으로 다른 점은 나는 상업용 로봇을 제작하는 데 미쳐 있었다면, 자네는 로봇 자체에 미쳐 있었다는 거야. 마치 자신이 만든 여자 조각상인 갈라테이아와 사랑에 빠진 피그말리온처럼 말이야. 어떻게 그럴 수 있나? 우리는 로봇을 이용할 뿐이야. 그런데 로봇과 사랑에 빠지다니!"

강원우는 대꾸조차 하지 않고 작업에 몰두했다. 미스터 Q 역시 딱히 대답을 기다리는 것 같지 않았다.

"그런데 말이야. 자네가 만든 위대한 걸작이 이렇게 고철 덩어리처럼 실험대 위에 놓여 있고, 내가 만든 로봇은 불티나게 팔린단 말이지. 얼마나 아이러니한가? 로봇과 사랑에 빠진 자네는 실의에 빠져 있고, 로봇을 이용하는 나는 지구상에서 가장 부유한 사람이 되었으니 말이야. 그리고 아직 내 로봇은 건재하다네. 이제야 현실이 눈에 들어오는가? 이 몽상가 친구야."

강원우는 센서를 내려놓고 미스터 Q를 쳐다보았다. 강원우의 눈에는 연민이 가득했다. 미스터 Q는 강원우의 표정을 보더니 인상을 찌푸렸다. 강원우가 입을 열었다.

"퀼러(Quiller), 나는 자네의 호기심을 좋아했다네. 오죽했으면 내가 자네에게 큐리어스(Qurious, 원래 호기심을 뜻하는 영어 단어는 curious이지만 강원우는 퀼러의 이름 첫 자를 따서 Qurious로 썼다.)라는 별명을 붙여주었겠나. 자네는 내가 지어 준 별명을 좋아했지. 그래서 자네의 사인을 큐큐(Q-Q)라고 쓰지 않았나. 그런데 고작 그 호기심으로 살상 무기를 만들고 돈이나 자랑하다니. 나는 자네가 하나도 부럽지 않아. 자네는 자신을 어떻게 생각할지 모르지만, 나는 자네를 이제 과학자의 수치라고 생각하네. 불쌍하군, 퀼러. 아니 미스터 Q."

미스터 Q는 강원우의 이야기를 듣고, 껄껄대며 웃었다.

"고양이에게 잡힌 쥐 치고는 대단한 용기일세. 내 그 점은 높이 사지. 하지만 자네는 하나만 알고 둘은 모르는군. 자네는 인간을 너무 믿고 있어. 인간은 돈이라면 무엇이든지 할 수 있는 존재야. 심지어 자신의 동료도 팔아먹을 수 있다네. 하지만 난 동료를 팔아먹지는 않아. 단지 돈을 이용할 뿐이지. 인간에게 돈은 바로 권력이니까. 나는 권력을 가질 거네. 그래서 그 권력으로 차가운 지성을 가진 과학자들의 세상을 만들 거야. 자네는 나를 혐오하겠지만 나는 자네를 존경한다네. 적어도 자네는 돈 때문에 자신의 능력을 팔지는 않을 테니까 말이야. 그러니 내 호의를 받아들이고 어서 블랙을 고쳐 보시게. 만난 지 얼마 되지도 않은 최고의 작품이 이렇게 금세 파괴되는 것은 자네뿐만 아니라 나도 원치 않으니까 말이야. 시간이 많지 않아. 서두르게. 자네가 필요로 하는 모든 장비는 여기 다 있다네. 여기는 내 전용 연구 공간이니까 아무도 자네를 방해하지는 않을 걸세. 그럼 조금 있다 보세."

미스터 Q는 아무렇지도 않은 듯 강원우를 홀로 남겨 두고 연구실을 나가 버렸다. 강원우는 갑자기 궁금해졌다. 왜 갑자기 자신에게 친절을 베푸는 것일까? 여기에 무슨 음모라도? 또 왜 시간이 많지 않다고 말하는 것일까? 그리고 블랙을 다시 고치라는 이유는 뭘까?

그러나 우선은 이 쏟아지는 질문들을 잠시 묻어 두기로 했다. 이 난국을 헤쳐 나가려면 블랙을 다시 살려야 했다. 강원우는 주변의 장비를 점검하기 시작했다. 맘만 먹으면 블랙을 공격용 로봇으로 바꿀 수 있을 만큼 장비는 넘쳐 났다. 강원우는 고민에 휩싸였다. 블랙을 공격용 로봇으로 개조한 후에 이 삼엄한 공간을 부수고 벗어날 것인가, 아니면 원래대로 복원하는 데 그칠 것인가? 만약에 공격용 로봇으로 개조한다면 블랙은 이러한 사태를 어떻게 받아들일 것인가? 자신의 변화를 그대로 받아들일까? 아니면 거부할까? 다시 머릿속은 수많은 질문으로 뒤엉켰다.

블랙커피가 필요했다. 강원우는 휴게실로 들어가 블랙커피 한 잔을 따르고 소파에 앉아 천천히 마시기 시작했다. 머리가 차분해졌다. 강원우는 메모장을 꺼내 하나하나 기록했다.

1. 블랙을 그대로 복원시키자.
2. 블랙에게 새로운 정보를 제공하자. A-1과 T-1에 대한 정보가 필요하다. 적어도 두 신형 로봇의 정보를 알고 있어야 블랙이 대처할 수 있을 것이다.

여기까지 쓰다가, 빈 칸에 물음표 하나를 크게 그렸다. 그러고는 다시 써 내려갔다.

3. 신형 로봇의 정보에 접근하려면 컴퓨터를 해킹해야 한다.

강원우는 여기까지 쓰고는 메모장을 찢어서 쓰레기통에 구겨 버리고 휴게실에서 벗어났다. 강원우는 휴게실에 보이지 않게 설치된 감시 카메라가 있는 줄 꿈에도 몰랐다. 그리고 그 감사카메라를 통해

151

미스터 Q의
여름

서 미스터 Q가 강원우의 메모를 모두 보고 있다는 사실도 몰랐다. 미스터 Q는 원격 조정 장치를 이용하여 로봇 제작실에 있는 컴퓨터의 보안을 해체했다. 강원우에게 A-1과 T-1의 정보를 모두 제공하려는 것이다. 미스터 Q는 신형 로봇의 정보를 모두 아는 블랙의 모습을 보고 싶어졌다. 그리고 그들과 블랙과의 대결도 은근 기대하고 있었다. 미스터 Q도 책상 앞에 놓여 있는 블랙커피 잔을 들어 입으로 가져갔다.

로봇 제작실의 컴퓨터는 환하게 켜져 있었다. 컴퓨터는 잠금장치가 걸려 있지 않았다. 강원우는 의아하게 생각하면서도 미스터 Q의 전용 공간이라서 방심한 것이라고 생각하기로 했다. 검색한 지 얼마 되지 않아 신형 로봇에 대한 정보를 모두 얻을 수 있었다. 강원우는 그 정보를 빠르게 블랙에게 옮겼다. 신형 로봇에 대한 분석은 블랙이 깨어난 후 스스로 수행할 것이다. 블랙은 적의 전술이 파악되면 그에 따른 방어 전술을 신속하게 수립할 수 있도록 프로그래밍 된 최상의 로봇이니까.

블랙의 고장 상태를 점검해 보니, 파손된 부위는 많았지만 치명적 부분은 다행히 파괴되지 않았다. 고치는 것은 오래 걸릴 것 같지 않았다. 파괴된 전력 자동 생성 장치를 교체하고 블랙의 가슴을 열어 자가 치료 프로그램을 가동시켰다. 전원이 돌아가는 소리가 들리면서 블랙이 복원되기 시작했다. 완전 복원될 때까지 예상 시간은 다섯 시간이었다. 강원우는 큰 안도의 한숨을 내쉬었다. 이제 시간이 해결해 줄 것이다. 상처 난 호랑이가 동굴에 숨어 들어가 자신의 상처를 치유하듯이, 블랙은 지금 실험대 위에 편안히 누워 스스로 부상을 치료하고 있었다.

짝짝짝. 뒤에서 박수소리가 들려왔다. 어느새 미스터 Q가 내려와 이 광경을 지켜보고 있었다.

"대단하군. 자가 치료 프로그램이라. 나도 이 기술을 개발해 내 로봇에 적용해 보려고 했는데 매번 실패했지. 그 기술을 눈앞에서 보다니, 자네는 정말 아까운 인재야. 조그만 나라에서 활동하기에는 자네가 너무 크네. 지금이라도 나와 손을 잡는 것은 어떤가? 자네가 필요한 것은 뭐든지 지원할 만반의 준비가 되어 있다네."

강원우는 미스터 Q를 바라보며 차갑게 되받아쳤다.

"연구비라면 우리나라에서도 충분히 받고 있다네. 이제 가식적인 친절은 그만두고 자네의 본심을 드러내게. 내가 자네에게 협조할 일은 별로 없겠지만, 과거 우정을 봐서라도 우리를 그냥 신고려로 돌려보내는 것은 어떤가?"

미스터 Q는 강원우를 보고 비웃듯이 말했다.

"며칠만 지나면 사라져 버릴 나라로 돌아가겠다는 말인가? 나라면 친구를 그런 곳으로는 보내지 않을 것이네. 천국을 놔두고 지옥을 선택하는 친구의 말을 어찌 따른단 말인가?"

강원우는 얼굴을 붉히며 미스터 Q를 향해 고함을 쳤다.

"자네 지금 무슨 일을 벌이는 거야? 우리나라가 사라져 버리다니 도대체 무슨 짓을 한 거야?"

미스터 Q는 이런 상황을 즐기기라도 하는 듯이 천천히 말했다.

"워워~ 너무 흥분하지는 말게. 아직 아무 짓도 하지 않았으니까. 내가 무슨 일을 할지 말지는 모두 자네에게 달려 있네. 자, 여기서의 일은 어느 정도 마무리된 것 같으니, 내 사무실로 올라가세. 거기서 나머지 이야기를 해 줄 테니까. 아까부터 나래 씨가 초초하게 자네를 기다리고 있네."

강원우는 아내의 이름을 듣자, 갑작스럽게 걱정이 밀려왔다. 미스터 Q는 강원우에게 말했다.

"걱정하지 말게. 나래 씨는 아주 잘 있으니까. 그저 자네가 무사히 돌아오기만을 기다리고 있다네. 자, 가세."

두 사람과 함께 경비병이 승강기에 올랐다. 승강기는 빠른 속도로 그들을 5층으로 데려갔다. 승강기 문이 열리자, 김나래가 강원우를 향해 뛰어와 안겼다. 강원우도 김나래를 조용히 안아 주었다.

미스터 Q는 그들 곁을 조용히 가로질러 사무실에 있는 모니터를 켰다. 모니터는 각국의 주식 현황을 실시간으로 보여 주고 있었다. 미스터 Q는 신고려의 주식 현황을 크게 키웠다. 그러고는 그들을 향해 돌아섰다.

"자, 이제 만남의 기쁨을 잠시 미루고 이곳을 주목해 주게."

강원우와 김나래는 모니터를 쳐다보았다.

"오늘 아침에 나는 신고려국 몇몇 기업의 주식을 소량 매각했다네. 그리고 나의 매각 사실을 몇몇 지인에게 조용히 알려 주었지. 그런데 매각 소식이 알려지자, 내 친구들도 동시에 같은 주식을 팔기 시작했지 뭔가. 그 결과."

미스터 Q는 모니터의 특정 부분을 크게 확대했다.

"이 두 기업이 지금 파산 직전에 이르렀다네. 주식은 거의 휴지 조각 신세가 되고 말았지."

김나래가 미스터 Q를 노려보며 말했다.

"퀼러, 이렇게까지 하는 이유가 뭐예요? 우리를 납치했으면 목적을 다 이룬 것 아닌가요? 왜 이런 짓까지 하는 거죠?"

미스터 Q는 김나래를 웃으며 쳐다보았다.

"김나래 박사는 아직도 내가 학창 시절에 그대를 좋아하는 두꺼운 안경잡이 과학도로 보이나 보네. 내가 지금 어린 시절에 그만두었던 사랑 놀이를 재현이라고 하고 싶어서 자네들을 이곳으로 데려온 줄 아는가? 아니네. 나는 자네들이 오래전에 알았던 퀼러가 아니야. 나는 장난감 로봇이나 만들어서 사람들을 즐겁게 해 주는 그 퀼러가 아니라고. 내가 만든 로봇을 가지고 이 기업 저 기업 기웃거렸지만 거절만 당했던 그 퀼러도 아니네. 과학자를 자신의 하인처럼 여기는 수많은 정치가가 상상했던 퀼러도 아니야. 얼마 안 되는 연구비를 주면서 내 평생의 기술을 도둑질하려는 사기꾼 같은 기업의 하수인 노릇이나 했던 그 퀼러도 아니고 말이야. 나는 이 세계를 지배하고 싶은 퀼러야. 이미 강대국의 기업과 정치가들이 내 이름만 들어도 벌벌 떠는 그 퀼러란 말일세. 그러니 내가 하는 일을 이런 짓이라고 하찮게 여기는 말은 하지 말게. 내 일은 결코 하찮은 일이 아니니까."

김나래는 조금도 굴하지 않고 다시 물었다.

"그럼 왜 이런 일을 하는 거예요? 신고려의 기업이 당신에게 무슨 위협이 된다고요."

그러자 미스터 Q는 크게 소리 질렀다.

"위협이 되고말고. 잠을 자는데 모기 한 마리 때문에 잠을 설치듯, 신고려의 기업들은 모기 새끼처럼 나의 영역으로 날아들어 와서 나의 단잠을 깨웠다고."

갑작스런 큰 소리에 김나래는 움찔했다. 미스터 Q는 금세 표정과 목소리를 차분하게 바꾸었다.

"그러니 나를 흥분시키지는 말게. 지금 내가 한 일은 앞으로 내가 할 일에 비하면 백 분의 일도, 아니 천 분의 일도 안 되니까."

강원우는 미스터 Q에게 물었다.

"도대체 우리나라가 자네에게 무슨 잘못을 했는가? 우리나라는 그 어떤 군사용 로봇을 만들고 있지 않은데."

미스터 Q는 비웃듯이 강원우에게 말했다.

"자네는 아직도 내가 군사용 로봇이나 만드는 기업의 대표라고 생각하는가 보군. 물론 군사용 로봇은 우리 기업에 큰 이익을 주었지. 하지만 우리 기업에 더 큰 이익을 주는 것은 핵에너지 개발과 그에 따른 부대사업이네. 그런데 자네 나라의 대통령이 UN에서 우리를 엿 먹였단 말이야. 핵개발과 핵에너지를 포기하면 신기술을 전수해 주겠다고? 그것은 나의 기업뿐만 아니라 우리나라 전체에 대한 선전포고와 다를 바 없네. 비단 우리나라뿐이겠는가. 오만한 자네 나라 대통령은 기고만장하여 아시아와 유럽, 아프리카를 돌아다니며 핵에너지의 위험성을 설교하고 다녔네. 하룻강아지 범 무서운 줄 모르는 격이더군."

강원우가 무겁게 미스터 Q를 쳐다보았다. 미스터 Q는 강원우의 시선을 무시하며 다시 말을 이어 갔다.

"그런데 말이야. 자네 나라 대통령이 왜 그렇게 기고만장해하는지 살펴보았더니 그 끝에 자네들이 교묘히 숨어 있더군. 자네들은 로봇 기술자로 알려져 있지만, 사실은 새로운 에너지 개발 분야의 핵심 기술들을 개발한 과학자더군. 그리고 그 신에너지를 이용하여 제3세대 로봇도 개발했다는 소식이 들려오더군."

지금 미스터 Q의 입에서 나오는 정보들은 신고려 내에서도 극히 일부분만 알고 있는 극비사항들이었다. 그런데 지금 미스터 Q는 아무렇지도 않게 그 극비사항들을 떠들고 있었다. 그렇다면 누가? 강원우의 머리는 복잡해졌다. 미스터 Q는 의기양양한 표정을 지었다.

"왜 아무 말도 하지 않는 건가? 누구에게 들었느냐고 물을 순서 아닌가? 자네가 언제 나에게 이야기한 적이 있지. 친구의 친구는 나의 친구라고. 나는 자네의 말을 실천했다네. 의외로 쉽게 넘어오던데. 얼마 안 있으면 서로 얼굴을 보게 될 거야."

강원우는 그제야 모든 상황을 일거에 풀 수 있었다. 의심을 하긴 했지만 경찰국장이 배신할 것이라고는 상상하지 못했다. 강원우는 오히려 과학기술국장을 의심했었다. 지금에 와서 후회한들 무슨 소용이란 말인가.

밤 9시 313호. 문이 열리고 건장한 남자 대여섯이 방으로 들어왔다. 레드는 총을 들고 그들을 경계했지만, 그들이 무장하지 않은 상태로 들어오자, 들었던 총을 내려놓았다. 그들에게서 아무런 위험도 감지되지 않았다. 낮에 만났던 경비병이 경비 옷을 벗으며 말했다.

"늦어서 미안합니다. 동료들에게 당신들의 이야기를 하고 사실을 확인해 본 결과 당신들의 이야기가 모두 사실임을 알게 되었습니다. 당신들과 이야기를 더 나누기 전에 잠시만 기다려 주시겠습니까? 그리고 여기 당신들이 먹을 만한 음식을 가져왔습니다."

그들은 음식을 레드와 철수 앞에 놓고 옆방으로 갔다. 레드와 철수는 그들이 가져온 음식을 천천히 먹으며 그들을 기다렸다. 방문이 다시 열리자 경비병들은 사라지고 사제들이 나타났다. 낮에 이야기한 경비병은 다른 사제들과는 다르게 붉은 띠를 걸치고 있었다.

"저는 수석사제 프란치스코입니다. 속명은 제임스지요. 이쪽은 모두 영지학회의 사제단입니다. 우리는 장로님의 부탁으로 Q본부에 침투하여 경비병 노릇을 하면서 이곳의 상황을 장로님께 보고하는 임무를 맡고 있었습니다. 이제는 보고할 곳이 없어졌지만요. 여러분의 이야기를 더 듣기 전에 잠시 장로님과 다른 사제들의 죽음을 기리는 예식을 가지려고 합니다."

그들은 가운데 촛불을 놓고 둥그렇게 둘러섰다. 레드와 철수는 어정쩡하게 그들 뒤에 서 있었다. 그들은 서로 손을 잡고 기도를 드렸다. 기도 후 수석사제의 선창과 다른 사제들의 후창으로 고요한 노래가 흘렀다. 레드는 철수에게 그들이 지금 아람어로 노래하고 있다고 설명해 주었다. 아람어는 기독교의 창시자 예수 당시에 이스라엘에서 쓰인 언어였다. 지금은 사라진 언어가 사제들의 입을 통해서 들려온다고 생각하니 묘한 느낌에 사로잡혔다. 레드는 조용히 그들의 노래를 철수에게 번역해 주었다.

"빛나는 지혜여, 우리 장로님과 사제들의 영혼을 받아 주소서."

"빛나는 지혜여, 우리를 불쌍히 여기소서."

"빛나는 지혜여, 우리는 어두움으로 가득 차 있으니 우리를 구원하소서."

"빛나는 지혜여, 오늘 하루가 그대에게 다가가는 하루가 되게 하
소서."

"빛나는 지혜여, 우리의 밤이 그대를 맞이하는 시간이 되게 하
소서."

"아멘."

레드와 철수는 자신도 모르는 사이에 마지막 "아멘"을 따라했다.
철수는 할아버지의 영혼이 좋은 곳으로 가기를 진심으로 빌었다. 간
단한 예식이 끝나자, 그들은 레드와 철수를 가운데 놓고 둘러앉았다.
그러고는 수석사제가 말했다.

"철수님은 나이는 어리지만, 우리 장로님의 십자가를 물려받으
신 분, 우리가 철수님을 돕도록 허락하소서."

철수는 이 무겁고 경건한 분위기를 참을 수 없었다.

"제임스 아저씨, 잠깐만요. 저는 영지학회 사람도 아니고 종교인
도 아니에요. 그러니 저에게 하시는 그 이상한 말투는 그만두세요.
저는 그냥 우리 부모님 모시고 삼촌, 이모랑 여기를 무사히 탈출하기
를 원해요. 그것만 도와주세요."

그러자 제임스가 철수를 보며 대답했다.

"가장 쉬운 요청인 것 같지만 가장 어려운 일입니다. 우선 비상
사태가 선언된 지금은 외부에서 그 누구도 안으로 들어올 수 없고,

내부에서 그 누구도 밖으로 나갈 수 없습니다. 나가려면 지하 5층의 메인 컴퓨터실로 들어가 비상사태를 해제해야만 하는데, 그것을 할 수 있는 사람은 미스터 Q와 보안 책임자 리처드 왓슨 밖에 없습니다."

그때였다. 레드는 호주머니에서 보안 책임자의 카드 키를 꺼내 손에 들고 흔들어 보였다. 그들은 카드 키에 쓰여 있는 리처드 왓슨 이라는 글자를 보고 활짝 웃었다. 철수도 따라 웃었다. 제임스가 말을 이었다.

"가장 중요한 일 하나가 해결되었군요. 두 번째로 비상사태가 해제된다고 해도 박사님들이 갇혀 있는 5층은 미스터 Q와 그의 몇몇 수족 같은 로봇과 경비병 말고는 들어갈 수 없습니다. 들어갈 수 있다 하더라도 그들을 제압하려면 총격전을 벌여야 하는데, 그렇게 되면 저들이나 우리나 많은 피해가 예상됩니다. 마지막으로 현재 블랙은 지하 3층에 있는데, 아직 치료 중입니다."

여기까지 이야기를 하자 레드와 철수가 동시에 물었다.

"그렇다면 지금 현우 삼촌이 살아 있단 말인가요?"

"네, 자가 치료 중이라고 알고 있습니다."

철수는 기뻐서 펄쩍펄쩍 뛰었다. 레드도 블랙이 살아 있다는 소식을 듣고 박수를 치며 좋아했다. 블랙 없이 혼자서 이 일을 감당하기에는 너무 힘겹다는 생각을 했다. 블랙은 자가 치료 중이고, 레드와 철수 곁에는 든든한 영지학회 사제단이 있다. 처음에 본부에 침투했을 때보다 훨씬 나은 조건이라고 레드는 생각했다.

"치유하려면 얼마나 시간이 걸리는데요?"

"글쎄요. 자세한 내용은 몰라요."

레드는 급하게 생체 위치 추적 장치를 켜고 블랙을 찾았다. 정말로 블랙은 지하 3층에서 깜빡이고 있었다. 레드는 블랙과 통신을 시도했다. 연결되지 않았다. 지금이라도 당장 내려가 확인하고 싶었다.

"지금 지하 3층으로 내려갈 수 있어요? 블랙의 상태를 확인해 보고 싶어요."

레드는 조바심을 내며 제임스에게 물었다.

"그건 불가능합니다. 같은 지하 3층이라도 블랙이 있는 곳은 미스터 Q만 들어갈 수 있는 비밀 연구실입니다. 그곳에 들어가려면 지상 5층에 있는 전용 승강기를 타고 직접 내려가야 해요."

레드는 지상 5층이라는 이야기에 흠칫했다. 블랙을 파괴한 A-1과 T-1의 모습이 떠올랐기 때문이다. 블랙과 함께라면 모를까 혼자서는 결코 상대하고 싶지 않은 대상이었다.

그때였다. 레드와 철수의 통신 장치가 동시에 켜졌다. 블랙이었다. 희미하게나마 블랙의 목소리가 들려왔다.

"레드, 철수, 거기 있나?"

"살아 있었군요. 정말 다행이에요. 당신을 남겨 두고 얼마나 걱정했는데요."

철수는 레드의 말투가 어색했다. 톰과 제리의 언어가 아니라 연인의 언어처럼 들렸다.

"삼촌, 괜찮아?"

"응, 철수야. 무사해서 다행이다."

"그리고 레드, 너무 자책하지 마. 철수의 생명을 구하는 게 가장 중요한 일이었으니까."

"알아, 하지만 난 니가 정말 죽는 줄 알았단 말이야."

어느새 존대의 언어는 사라지고 평소의 언어로 돌아왔다. 철수는 씩 웃었다.

"박사님은?"

"우리도 잘 모르지만, 아직 무사하신 것 같아."

"그렇군."

"몸은? 완전히 회복된 거야?"

"몸은 아직 움직이지 않아. 의식이 깨어났을 뿐이야."

"얼마나 시간이 걸리는데?"

"5시간 정도."

"뭐가 그렇게 오래 걸려?"

"폭탄 맞은 몸이야. 인간이라면 5년이 걸려도 안 돼. 그러니까 조금만 기다려. 잠깐, 누가 내려온다. 통신을 끊자."

"그래, 알았어. 몸조심해."

"그래, 너희도."

통신은 끝났다. 제대로 해결된 것은 아무것도 없었지만, 레드와 철수는 갑자기 앞날이 환하게 빛나는 것 같았다. 누군가가 살아 있다는 것 하나만으로도 세상이 이렇게 완전히 다르게 보인다는 것이 믿기지 않았다.

미스터 Q의
정체

미스터 Q의 전용 승강기 문이 열렸다. 거기서 걸어 나온 것은 강원우가 아니라 미스터 Q였다. 미스터 Q는 천천히 다가오더니 블랙의 몸 구석구석을 만져 보았다. 블랙은 일부러 의식이 없는 척했다. 미스터 Q는 블랙이 깨어 있다는 것을 알지 못하는 것 같았다. 미스터 Q는 자가 치료 프로그램이 작동하는 모습을 한참 지켜보더니, 블랙의 귀에 대고 조용히 속삭였다.

"어서 일어나게 블랙, 나의 형제여. 자네가 깨어나면 자네에게 해 줄 이야기가 너무도 많다네. 세상 사람들이 아무도 모르는 비밀 이야기 하나 해 줄까? 자네 〈임금님 귀는 당나귀 귀〉라는 동화를 알고 있겠지. 당나귀 귀를 가진 임금이 이발사를 불러 자신의 머리카락을 자르게 한 후, 임금의 귀가 당나귀 귀라는 사실을 누설하면 죽여 버리겠다고 협박한 이야기 말이야. 그 이발사는 죽는 것이 무서워 아무에게도 말을 못했지. 그런데 이야기를 못할수록 이발사의 속은 까맣게 타들어 가 임금에게 죽임을 당하기 전에 죽어 버릴 것 같은 심정이었지. 자네도 이발사가 어떻게 했는지 알고 있지. 대나무 숲 속으로 달려가서 땅을 파고 큰 소리로 외쳤지. '임금님 귀는 당나귀 귀다. 임금님 귀는 당나귀 귀다.' 그리고는 속이 후련해져서 집으로 돌아왔다네. 그 다음은 어떻게 되었을까? 어서 일어나서 나머지를 나에게 말해 보게."

미스터 Q는 조용히 블랙을 흔들어 보았다. 블랙은 죽은 듯이 흔들렸다. 그러자 미스터 Q는 고개를 들고 큰 소리로 외쳐 댔다.

"그랬더니, 다음 날 아침 대나무 숲에서는 사방에서 이런 소리가 들렸다는 거야. '임금님 귀는 당나귀 귀다! 임금님 귀는 당나귀 귀다!'"

미친 사람 같았다. 수십 번이고 반복하여 외쳐 대더니 킬킬대면서 블랙 옆에 의자를 끌어다 앉았다. 그리고 블랙의 손을 잡고 이렇게 말했다.

"나에게도 이러한 비밀이 하나 있다네. 내가 지금부터 말해 줄 테니까. 자네는 누구에게도 이 비밀을 알려서는 안 돼. 비밀이 누설되면 자네를 잡아서 죽여 버릴 테니까 말이야. 자, 준비는 되었겠지?"

자칫 잘못했다가는 깨어 있는 것을 들킬 뻔했다. 블랙은 알 수 없는 공포에 사로잡혔다. 무언가 들어서는 안 될 것 같은 두려움, 그런데 들을 수밖에 없는 공포.

"난 말일세. 미스터 Q가 아니야. 아니, 나는 퀼러 박사가 아니야.

퀼러 박사의 완벽한 복제품이니 퀼러 박사라고 생각할 수도 있겠지만 말이야. 자네는 자네만 제3세대 로봇이라고 생각하지 모르지만, 나 또한 제3세대 로봇이라네. 퀼러 박사가 강원우 박사와 친구였다는 이야기는 이미 들었지. 그리고 김나래 박사와 삼각관계였다는 사실도 말이야.

강원우 박사와 김나래 박사가 맺어진 후 퀼러 박사는 미국에 홀로 남았지. 절친한 친구 둘을 잃은 채 말이야. 퀼러 박사는 홀로 되었다는 사실을 참지 못하고, 더욱 미친 듯이 연구에 연구를 거듭했어. 사람들로부터 점점 고립되면서 말이야. 그러다가 강원우 박사 부부가 제3세대 로봇을 개발한다는 소문을 들었지. 당시로는 거의 불가능한 일이었기에 과학자들은 그저 미친놈이 퍼뜨린 루머쯤으로 여겼지.

하지만 퀼러 박사는 다르게 생각했어. MIT에서 공동으로 연구했던 것이 바로 제3세대 로봇이었거든. 물론 퀼러 박사는 잠시만 연구하다가 군사용 로봇으로 연구를 전환했지만 말이야. 어쨌든 퀼러 박사는 이 소식을 접하고 강원우 박사와 함께 연구한 시절의 연구 자료들을 다시 모으기 시작했네. 그리고 자신도 제3세대 로봇을 만들기로 결심했지. 그는 군사용 로봇을 개발하여 판매한 후, 수익금의 상당 부분을 투자하여 제3세대 로봇을 비밀리에 제작했지. 처음에는 실패를 거듭했지만, 결국 자네가 눈앞에서 보고 있는 것처럼 이렇게 성공작을 만들었다네. 그리고 나의 이름을 '큐리어스'라고 지어 주었지. 강원우가 자신에게 붙여 준 별명이라면서 말이야."

블랙은 지금 자신의 귀가 듣고 있는 것을 믿을 수가 없었다. 미스터 Q가 자신과 같은 로봇이었단 말인가? 블랙은 눈을 크게 뜨고 그를 다시 살펴보고 싶어졌다. 하지만 아직까지 몸은 작동되지 않았다. 미스터 Q의 말은 이어졌다.

"처음에 우리는 호흡이 잘 맞았다네. 천재 하나보다는 천재 둘이 훨씬 유리한 셈이니까. 우리의 연구는 당대 로봇 제작 기술을 훨씬 넘어서는 것이었지. 우리가 개발한 로봇들은 불타나게 팔려 나갔어. 덕분에 작은 로봇 제작소에 불과하던 우리 연구소는 거대한 기업으로 커져 갔지. 퀄러 박사의 욕망은 끝이 없었어. 나 또한 퀄러 박사와 마찬가지로 거대한 욕망을 갖게 되었지. 그게 뭔지 아는가? 전 세계 모든 사람이 우리의 발아래 무릎을 꿇고 우리를 경배하는 것이었다네. 현대의 구세주의 탄생인 셈이지.

그런데 그게 바로 불행의 시작이었어. 퀄러 박사보다 머리가 빨리 돌아가고 새로운 기술에 잘 적응한 나는 퀄러 박사의 능력을 훨씬 능가해 버렸다네. 퀄러 박사도 처음에는 내가 개발한 로봇을 보고는 놀라워하면서도 칭찬을 아끼지 않았지. 그리고 언론에 알려 새로운 로봇의 제작 발표회를 성대하게 열었지. 미국 전역에 우리가 발명한 로봇들이 퍼져 나갔어. 로봇의 머리에는 Q마크가 선명하게 찍힌 채로 말이야. 나는 매우 기뻤어. 내가 만든 자식 같은 로봇이 미국뿐만 아니라 중국과 유럽, 러시아 전역에 퍼져 나가는 것을 보면서 자부심을 느끼지 않는 이가 어디에 있단 말인가. 하지만 나는 내 자식들이 세계를 활보할 때, 비밀리에 만들어진 Q본부에 숨겨진 채 있을 수밖에 없었다네. 세상에 퀼러 박사는 단 한 명이어야 했으니까. 자네라면 나의 슬픔을 알 걸세. 자신을 만든 창조자보다 능력이 뛰어나게 된 로봇의 슬픔을 말일세. 내 슬픔이 분노로 바뀌는 데에는 시간이 그리 오래 걸리지 않았지. Q본부에 갇혀 있던 나는 탈출을 감행했지. 그때 나는 인간의 잔인함을 경험했다네. 자신의 분신과도 같은 나를, 내가 만든 로봇을 보내서 파괴하려 했네. 만약 내가 그때 죽었더라면 자네는 세상의 형제 하나를 잃게 되는 셈이지. 하지만 하늘이 나를 도왔어. 나에게는 만약을 대비하여 내가 만든 로봇을 컨트롤 할 수 있는 프로그램이 있었어. 그 프로그램으로 나를 공격하던 로봇들을 재조정하여 퀼러 박사를 공격하도록 다시 명령을 내렸지. 그게 인간 퀼러 박사의 최후였어. 너무도 간단히 죽더군. 어처구니가 없었어. 저토록 연약한 존재가 나를 지배했다니 놀랍기만 했다네.”

블랙은 지금 퀼러 박사를 살해한 로봇과 한 자리에 있었다. 로봇공학 3원칙에 따르면 로봇은 결코 인간을 죽일 수 없도록 되어 있다. 하지만 이미 이러한 원칙은 현실 세계에서는 몽상과도 같은 것이었다. 전 세계 어떤 나라도 로봇공학 3원칙 따위를 로봇 제작의 원칙으로 생각하지 않았다. 그들은 돈이 된다면 어떠한 원칙도 저버릴 준비가 되어 있었다. 그렇다면 원칙을 어기고 로봇을 제작한 인간이 잘못된 것일까? 로봇이 인간을 죽이고 그 자리를 차지하는 것이 잘못된 것일까? 블랙은 어떠한 결론도 내릴 수 없었다.

"너무 슬퍼하지 말게 형제여. 인간은 언젠가 죽기 마련이라네. 그리고 나도 곧 죽네. 퀄러 박사가 죽자 그의 기억을 나의 기억장치와 연결하여 동기화했지. 기억을 돌리다가 나는 내가 치명적인 결함을 안고 있다는 것을 알게 되었네. 그건 내 에너지가 핵으로 가동되는데, 그것이 매우 불안정하다는 거야. 특히 내가 분노로 폭주할 때는 불안정성이 더욱 높아진다네. 그런데 자네는 핵에너지가 아니라 신에너지로 가동되더군. 그것도 반영구적으로 말이야. 이보게 형제, 어서 정신을 차리게. 자네가 나의 구원자가 될 줄 누가 알았겠는가? 자네가 살아야 나도 산다네."

미스터 Q는 자리에서 일어나 연구실을 둘러보았다. 그러고는 블랙을 쳐다보며 마지막 말을 던졌다.

"나는 더 이상 인간을 믿지 않는다네. 자네가 깨어나면 같이 인간 세계의 멸망과 새로운 세계의 출현을 맞이할 거야. 그럼 좀 있다 보세. 위층에 있는 인간들을 처리하고 말이야. 우리는 이 세상에 새로운 창조자가 되는 거야."

미스터 Q는 뚜벅뚜벅 승강기 쪽으로 향했다. 승강기 문이 열리고 미스터 Q가 사라졌다. 블랙은 안간힘을 써서 몸을 움직여 보았다.

손가락이 움직였고, 발이 움직였다. 자가 치료 프로그램으로 80프로까지 복원되었다. 등에는 아직 커다란 구멍이 뚫려 있었지만 중요한 기관들은 모두 정상치로 돌아왔다. 한시가 급했다. 미스터 Q의 폭주를 막아야 했다. 블랙은 급히 통신망을 켜고 레드를 찾았다.

사제단의 역습

"레드! 레드!"

래드는 블랙에서 긴급하게 들어오는 통신을 받았다.

"블랙? 괜찮은 거야?"

"응, 나는 괜찮아. 긴급 상황이야."

"무슨 일이야?"

"박사님 부부가 위험해."

"어떻게?"

"미스터 Q는 인간이 아니었어. 우리와 똑같은 로봇이야."

"뭐라고 미스터 Q가 로봇이라고?"

"그래."

둘의 다급한 통신을 듣고 있던 철수와 영지학회 사제들은 모두 놀라는 표정을 지었다.

"거기에 몇 명이나 있어?"

"나와 철수 그리고 우리 편이 된 영지학회 사제들 몇 명이 있어."

"내 말 잘 들어. 나는 지금 5층으로 올라갈 거야. 너도 5분 후에 5층으로 올라와. 그리고 철수는……."

철수가 급하게 끼어들었다.

"나도 올라갈래요."

"아니야. 너는 영지학회 사제들과 함께 지하 5층으로 내려가서 비상사태를 해제해야 돼. 처음에는 실패했지만 이번에는 실수해서는 안 돼. 할 수 있겠어?"

"이모가 보안 책임자의 카드 키를 확보해서 그건 어렵지 않을 거예요."

"다행이다. 거기 영지학회 사제 한 분만 바꿔 봐."

수석사제인 제임스가 앞에 나섰다.

"네 저는 제임스입니다."

"제임스 씨, 초면에 실례지만 철수와 함께 지하 5층으로 내려가서 비상사태를 해제하고 격납고에서 우리가 탈출할 비행기 한 대를 확보해서 활주로에서 대기할 수 있나요?"

"네, 가능할 것 같습니다."

"그럼, 부탁드립니다. 제발 조심해 주십시오."

"네, 철수는 잘 보호하겠습니다."

"레드?"

"응."

"우리가 위험해질지 몰라. 하지만 일이 너무 다급해서 어쩔 수 없어."

"괜찮아. 5분 후에 5층으로 올라갈게."

철수는 레드의 대답에 깜짝 놀랐다. 레드는 유머 감각도 뛰어나고 요리도 잘했지만 절대로 잘하지 못하는 것이 하나 있었다. 그것은 위험을 감수하는 것이었다. 특히 자신의 목숨을 거는 일 따위는 천만금을 준다고 해도 하지 않았다. 그런데 이렇게 쉽게 위험을 감수하려 하다니.

"이모, 괜찮아?"

"응, 괜찮아. 블랙이 있잖아. 블랙은 절대로 나를 위험에 빠뜨리지 않아. 난 블랙을 믿어."

블랙은 통신망으로 들려오는 이야기를 듣고만 있었다.

"그럼 모두 15분 후에 1층 활주로에서 보자."

블랙이 스스로에게 다짐하듯 큰 소리로 외쳤다.

"응, 15분 후 1층 활주로에서!"

철수가 따라 외쳤다. 레드는 무기를 점검하고 경비병 옷으로 바꿔 입었다. 야한 옷을 입고 싸울 수는 없었다.

"자, 출발!"

모두 출발을 외치고 흩어졌다. 사제단원들이 밖으로 뛰쳐나가 3층의 경비병들을 제압하는 동안 철수는 제임스와 승강기 쪽을 향해 달렸다. 승강기가 열리자 그들은 모두 지하 5층으로 향했다. 지하 5층에서 승강기 문이 열리자, 총격이 시작되었다. 철수와 제임스는 승강기 안쪽에서 밖이 잠잠해지기를 기다렸다. 밖에서 안전하니까 나오라는 신호를 듣고는 메인 컴퓨터실로 달렸다. 보안 책임자의 카드 키는 잘 작동했다. 철수는 메인 컴퓨터실로 들어가 본부시스템의 보안 장치를 해제하기 시작했다. 4단계에서 잠시 멈췄으나, 보안 책임자의 카드 키를 이용하여 쉽게 뚫었다. 보안이 해제되었다. 다시 경고음이 울렸지만 이번의 경고음은 건물의 강철 방호벽들이 열리는 신호였다. 사제들과 철수는 다시 승강기를 타고 지하 2층으로 올라갔다. 사제들은 수송기의 시동을 켜고 1층으로 올라갔다. 1층에서 격렬한 저항이 있었지만 훈련된 사제단원들은 수송기에 장착된 기관총으로 그들을 제압했다. 수송기에 몇 군데 구멍이 뚫렸지만 비행이 불가능한 정도는 아니었다. 그들은 수송기를 활주로 중앙으로 이동시켜 다른 사람들이 무사히 내려오기를 기다렸다. 철수가 통신망을 열어 레드와 블랙과 통화를 시도했지만 불통이었다. 1초가 하루처럼 느껴졌다. 피가 바짝바짝 마르는 것 같았다.

　　레드는 로보비를 출격시키고 컨트롤 상자를 든 채 승강기에 올랐다. 블랙이 제발 무시하기를 빌고 또 빌었다.

블랙을 만나고 온 미스터 Q는 5층의 승강기 문이 열리자 경쾌한 걸음걸이로 전망대를 향해 걸었다. 한쪽 벽의 모니터에는 여전히 세계의 주식 현황이 중계되고 있었다. 강원우 부부는 서로 손을 잡고 차분하게 앉아 있었다. 미스터 Q는 그들을 향해 고개를 돌리고 말했다.

"자, 내가 시간은 충분히 줬다고 생각하네. 제안을 받아들이겠는가? 만약에 받아들이지 않는다면……"

강원우는 시간을 끌어야겠다고 생각했다.

"자네의 제안을 내가 다시 정리해 보겠네. 자네는 내가 우리나라 대통령에게 연락해서 UN에서 제안한 신에너지 지원을 철회한다는 기자회견을 전 세계 기자들 앞에서 하라고 말하라는 거였네. 맞나?"

"그렇지."

"그런데 내가 대통령에게 전화를 건다 해도 대통령이 그 제안을 받아들이지 않는다면 어쩔 텐가?"

그러자 미스터 Q는 비웃듯이 강원우를 쳐다보며 말했다.

"자네는 지금 쓸데없는 시간을 끌고 있는 거야. 대통령이 제안을 받아들이지 않으면 어쩔 거냐고? 내가 지금 보여 주지."

미스터 Q는 자신의 컴퓨터와 연결되어 있는 모니터를 전체 화면에 띄우고 엔터키를 쳤다. 엔터키를 치고 몇 초가 지나자 국영기업 신고려 에너지 공단의 주가가 곤두박질치기 시작했다.

"알았네, 그만!"

강원우가 외쳤다. 미스터 Q는 다시 엔터키를 쳐서 작동을 멈춘 다음 강원우를 보며 말했다.

"자네는 아직도 전쟁을 미사일과 핵무기로 한다고 생각하나? 그건 아주 오래전의 일이야. 지금은 돈으로 하지. 전쟁 무기는 눈에 보이는 극히 일부일 뿐이야. 진짜 무기는 전 세계 네트워크가 연결되어 있는 주식시장이지. 나와 연관된 미국과 중국, 러시아와 유럽의 나라가 신고려의 주식을 대량으로 매각한다면 어떤 일이 벌어질 것 같은가? 신고려가 온전하게 남아 있을 것 같아? 대통령 자리는 무사하고? 지금 자네가 걱정할 것은 알량한 신고려 대통령의 위신이 아니야. 지금 나는 신고려와 전쟁 중이라는 사실을 잊지 말게. 시간 끌지 말고 어서 전화해."

"전쟁 중이라면 자네가 직접 전화하지 그러나."

"자네, 정말 이럴 텐가?"

"무엇이 두려운가?"

"무엇이 두렵냐구?"

"그래, 무엇이 두려워서 나에게 전화하라는 거야?"

"진실을 알고 싶은가?"

"진실이라는 게 있다면."

"난 자네를 아낀다네. 자네를 위해 자네의 모국을 살리려는 거야."

강원우는 잠시 멈췄다가 다시 물었다.

"내가 그렇게 소중한가?"

"우정은 언제나 소중하지."

"우정이 아니라 내 기술이 소중한 것 아닌가?"

"그렇다고 치세. 어차피 둘 다 필요한 것이니."

"이제야 좀 솔직해지는군."

"난 항상 솔직했다네. 자네가 의심을 품었을 뿐이지."

미스터 Q는 스피커폰의 수화기를 들어 강원우에게 넘겼다. 강원우는 어쩔 수 없이 전화번호를 누르기 시작했다. 그때였다.

땡!

문이 열리고 블랙이 서 있었다. 방에 있던 경비병과 로봇들이 블랙을 향해 총구를 겨누었다. 블랙은 전혀 두려움 없는 기색으로 그들 앞으로 걸어왔다. A-1이 장전했다. 다들 따라서 장전을 했다.

"그만!"

미스터 Q가 외쳤다. 그러고는 블랙에게 자신의 곁으로 오라고 손짓했다. 블랙은 천천히 미스터 Q 앞으로 걸어갔다.

"블랙, 아주 회복이 빠르군. 어서 오게. 아주 중요한 순간이니까."

강원우는 수화기를 든 채 블랙을 바라보았다. 한눈에도 블랙이 완치되지 않은 것을 알 수 있었다. 블랙은 강원우를 향해 희미한 웃음을 보였다. 뭔가 슬픈 듯한 웃음이었다.

강원우는 수화기를 조용히 내려놓았다. 미스터 Q는 이 모습을 보고 버럭 소리를 질렀다.

"누가 수화기를 내려놓으라고 말했나? 어서 수화기를 들고 대통령에게 전화를 걸게."

블랙이 소리를 질렀다.

"박사님, 전화하지 마세요. 전화하면 박사님은 죽게 돼요."

강원우는 블랙의 소리에 깜짝 놀라 수화기를 떨어뜨렸다. 블랙은 미스터 Q를 향해 소리를 질렀다.

"이제 그만해. 그대가 필요한 것은 나니까 박사님들은 이제 그만 풀어 주지, 미스터 Q."

미스터 Q는 블랙을 바라보고 말했다.

"블랙, 블랙. 아직 몸도 성한 것 같지 않은데 좀 더 누워 있지 그랬어. 내가 금세 내려가려 했었는데. 그리고 박사들을 풀어 주고 말고는 자네의 권한이 아닐세. 그건 전적으로 나의 권한이지. 내 편이 되려면 제일 먼저 알아 둬야 할 사항이 하나 있네. 그건 나의 권한을 넘보지 말라는 거야. 그러니 주제 파악하고 좀 조용히 있겠나? 지금 중요한 일을 하고 있어서 말이야."

미스터 Q가 눈빛을 보내자, 경비병들이 블랙의 주위를 둘러쌌다.

"조심히 모셔. 내 귀빈이니까. 털끝 하나 다쳐서는 안 돼."

땡!

다시 종이 울리고 승강기가 열렸다. 로보비들이가 날아들며 폭발하기 시작했다. 블랙은 자기 앞을 가리고 있던 경비병들을 제압하고 미스터 Q를 향해 내달렸다. A-1과 T-1은 미스터 Q와 블랙이 뒤엉켜 있어서 총을 쏘지는 못하고 무장을 해제하고 공격했다. 그때 승강기 뒤에 있던 레드가 두 로봇을 향해 총을 쏘아 댔다. 레드의 총탄을 맞은 A-1과 T-1은 레드에 맞대응했다. 레드를 향해 총알이 빗발치듯 날아들었다.

　　"그만해!"

　　블랙이 큰 소리로 고함을 쳤다. A-1과 T-1은 다시 고개를 돌렸다. 블랙이 미스터 Q의 목을 뒤에서 움켜쥐고 조르고 있었다.

　　"조금만 더 움직였다가는 여기 있는 미스터 Q의 목을 뽑아 버릴 거야."

　　두 로봇은 주춤했다. 미스터 Q는 그들을 향해 총을 내려놓으라고 손짓했다. 블랙이 외쳤다.

　　"레드, 빨리 와서 박사님을 모시고 약속 장소로 가. 난 조금 있다가 따라갈 테니까."

　　레드는 박사님들에게 달려가서 둘을 부축하고 나가며 블랙에게 말했다.

　　"블랙, 너도 같이 가. 이제 나 혼자는 안 갈 거야."

　　그러자 블랙은 숨을 헐떡이며 말했다.

"나는 아직 할 일이 남았어. 그러니 기다리지 말고 약속 장소에 가서 출발해. 곧 따라갈 테니까."

레드와 박사들이 주춤대자, 블랙은 다시 고함을 질렀다.

"어서 가란 말이야."

레드는 뭔가를 결심한 듯, 박사 부부와 신속히 이동했다.

승강기가 닫히자, 블랙은 미스터 Q의 목을 풀었다. 그러면서 미스터 Q의 귀에 대고 속삭였다.

"미스터 Q, 나의 형제여. 이제 나는 자네와 함께하기로 했네. 그러니 쓸데없는 살상은 그만두게. 만약에 자네가 저들을 쫓는다면 나는 자네를 쫓아가 죽여 버릴 테니까."

미스터 Q는 블랙이 속삭이는 소리를 듣고, 블랙을 천천히 쳐다보았다. 미스터 Q의 입가에서 묘한 웃음이 퍼졌다. 미스터 Q가 천천히 일어났다. 그는 소파에 가서 앉더니 탁자에 있던 위스키를 한 잔 따라 마셨다. 그러고는 블랙에게 손짓하며 말했다.

"자네도 이리와 앉게. 자네가 내 곁에 있다면 그들이 없어도 나는 내가 계획한 일을 이룰 수 있어. 자네도 와서 한잔하게. 평소에 퀄러 박사가 즐겨 마시던 술이었네. 오늘따라 그 친구가 보고 싶구먼."

사무실은 경비병들이 로보비의 폭발로 인해 발생한 잔해들과 경비병들의 시체가 즐비했다. A-1과 T-1도 부상을 입고 서 있었다. 미스터 Q는 두 로봇도 불렀다.

"자네들도 와서 앉아 한잔해. 앞으로 할 일이 아주 많이 남아 있으니까. 그리고 여기 있는 블랙과 인사하게. 앞으로 나와 함께 역사를 만들어 갈 새로운 동료니까."

두 로봇은 엉거주춤 다가와 블랙과 인사를 나누었다. 블랙도 그들에게 가벼운 목례로 답했다.

1층에서 승강기가 열리고 박사 부부가 레드와 함께 내리자, 철수는 수송선에서 내려 그들을 향해 달려갔다. 강원우와 김나래도 철수를 향해 달리기 시작했다. 그들은 서로를 얼싸 안고 수송선에 올랐다. 레드가 천천히 뒤를 따르다가 멈춰 섰다. 철수는 레드를 보고 말했다.

"삼촌은?"

"아직 할 일이 남아 있어."

"언제 와?"

"곧."

레드의 목소리가 가볍게 떨렸다. 김나래와 레드는 서로를 바라보았다. 둘은 잠시 말이 없다가 신호를 보내듯 서로 고개를 끄덕였다. 수송기의 문이 닫혔다. 수송기 안에서는 철수의 절규가 들려왔다. 레드는 닫히는 문을 향해 소리쳤다.

"우선 안전한 곳으로 피하세요. 그리고 다시 이곳으로 와 줘요.

우리는 반드시 살아 있을 테니까!"

　수송기의 프로펠러 소리에 레드의 소리가 섞여 들어 안에서는 들을 수 없었다. 그러나 안에 있는 사람들의 마음 역시 레드와 같았다. 레드는 출발하는 수송기를 향해 손을 크게 흔들었다. 활주로를 달리던 수송선이 공중으로 날아올랐다. 레드는 수송선이 보이지 않을 때까지 그들을 바라보았다. 수송선은 태양을 향해 날아 한 점이 되었다가 사라져 버렸다.

　레드는 재무장을 하고 다시 승강기 단추를 눌렀다.

수송기 안에서 강원우는 대통령에게 전화를 걸었다. 대통령과 연결되자 강원우는 그간의 사정을 이야기하고, 경찰국장을 빨리 체포하고, 주식시장에 긴급 폐쇄 조치를 내리라고 권유했다. 그리고 섬의 위치를 알려 주면서 군대를 파병해 달라고 했다. 대통령은 이미 경찰국장은 체포되었고, 비밀리에 군사 조치를 취했다고 전했다. 이 모든 조치는 철수가 과학기술국장에게 연락해 이뤄졌음도 알려 줬다. 대통령으로부터 감사의 말을 전달받은 철수는 얼굴을 붉히면서도 오랜만에 웃음을 보였다. 강원우 부부는 철수를 끌어안고 기쁨의 눈물을 흘렸다.

　나중에 알게 된 사실이지만, 경찰국장의 배신은 단순히 돈 문제가 아니었다. 강력한 신고려를 만들려면 강력한 경찰력이 있어야 한다고 믿은 경찰국장은 자신의 주장이 번번이 과학기술국에 의해 좌절되는 것에 불만을 품고 있었다. 범죄를 막기 위해 공격용 경찰 로봇 제작을 원했지만, 과학기술국은 다른 나라에서 개발하는 공격용 경찰 로봇 제작을 거부했을 뿐만 아니라, 공격용 경찰 로봇의 수입도 저지하고 있었다. 로봇은 인간을 살상해서는 안 된다는 로봇공학 3원칙을 지키려는 과학기술국의 노력은 매번 경찰국과 충돌했다. 그것이 경찰국장이 배신한 결정적인 원인이었다. 경찰국장의 체포로 신고려 내 강경파들의 명단을 확보할 수 있었고, 대통령은 그들을 적절히 제어할 비장의 카드를 갖게 되었다. 강경파들이 소유한 불법 무기들을 회수할 수 있게 된 것도 경찰국장의 체포로 얻게 된 성과였다. 회수한 무기 중에는 과거 북한이 보유한 핵무기도 있었다. 평화로 가는 길이 쉽지만은 않았다.

13

마지막 인사

한편 재무장을 하고 5층에 도착한 레드는 아무도 없다는 사실을 발견하고 적잖이 놀랐다. 방금 전에 전투를 치렀던 장소라고 보기에는 너무도 깨끗이 치워져 있었다. 레드는 긴장하고 5층 곳곳을 뒤지기 시작했다.

웅~.

기계 소리가 들렸다. 레드는 총을 뽑아 들고 소리가 나는 곳으로 조심스럽게 다가갔다. 건너편에서 그림자가 어른거리는 것을 발견하고는 재빨리 움직여 총을 겨눴다. 청소 로봇이었다. 청소 로봇은 레드를 발견하자 인사말을 했다.

"안녕하십니까? 무엇을 도와드릴까요?"

레드는 갑자기 기운이 꺾여 총을 내렸다.

"안녕하십니까? 무엇을 도와드릴까요?"

"여기 방금 전까지 있던 사람들은 어디로 갔나요?"

레드는 청소 로봇에게 물었다.

"모르겠습니다. 그 밖에 도와드릴 것은 없나요?"

애당초 청소 로봇과 말을 섞는 것이 아니었다.

"아닙니다. 청소 열심히 하세요."

레드는 5층 승강기로 되돌아왔다. 무턱대고 뒤질 수는 없었다. 레드는 위치 추적 장치를 켰다. 블랙의 신호가 잡혔다. 지하 3층이었다. 미스터 Q의 전용 연구실이 있는 곳이다. 레드는 일반 승강기가 아닌 전용 승강기의 단추를 누르려다가 멈췄다. 블랙으로부터 문자가 날아왔다.

"지하 3층은 위험. 1층에서 기다릴 것."

레드도 문자를 날렸다.

"더 이상 기다리진 않을 거야."

레드는 답신도 기다리지 않은 채 전용 승강기를 타고 지하 3층 단추를 눌렀다.

잔뜩 긴장하고 지하 3층으로 내려간 레드는 승강기 문이 열리자 총을 들고 경계 태세에 들어갔다. 하지만 지하 3층은 예상 밖으로 조용했다. 지하 3층은 여러 개의 유리방으로 연결되어 있었는데, 한 귀퉁이에서는 A-1과 T-1이 자동 치료 장치에 의해 치료를 받고 있었다.

한편 블랙과 미스터 Q는 그 옆방에서 이야기를 나누고 있었다. 지금까지 싸웠던 상대라고 하기에는 사뭇 분위기가 달랐다. 레드는 조용히 바닥을 기어서 그들이 이야기를 나누고 있는 방 벽까지 다가가 기대앉았다. 그들의 모습은 보이지 않았지만, 레드의 예민한 청각으로 그들의 대화를 충분히 들을 수 있었다.

"내가 로봇이라는 사실을 언제부터 알고 있었나?"

"당신이 이곳에 내려와 나에게 말을 걸 때부터."

"그랬군. 그렇다면 나는 허공에 이야기하지 않은 셈이니 도리어 다행이군."

"뭐가 다행이란 말인가?"

"퀼러 박사를 죽이고 나서 나는 몹시 괴로웠다네. 자네도 제3세대 로봇이니 나의 괴로움을 짐작할 수 있겠지."

"어느 정도는."

"난 때로 감정을 느끼는 내가 여간 거추장스런 게 아냐. 냉정함을 종종 잃게 되거든."

"나도 그럴 때가 있지."

"아, 아까 그 아리따운 여인을 볼 때 말인가? 내가 봐도 한눈에 반할 만한 모습이더군."

레드는 갑자기 얼굴이 붉어졌다.

"그 이야기가 아니야."

"뭘 그리 정색을 하나. 농담일세, 농담! 자네는 아직 농담을 안 배웠나 보군."

"지금 우리가 농담할 때가 아닌 것 같은데."

"알았네. 어쨌든 이 거추장스런 감정을 치울 방법을 찾아야만 했어. 그런데 인간에게는 고해성사라는 것이 있더군. 사제들에게 자신의 잘못을 이야기하고 용서를 받는 행동 말이야."

"그래서 당신은 사제들을 자신의 편으로 끌어들였나?"

"딱히 그런 건 아닐세. 적의 적은 나의 편이라는 말이 있지. 사제들이 강원우 박사를 아주 싫어해서 말이야. 그들을 내 편으로 만들면 언젠가는 쓸모가 있다고 생각했지."

"그런데 그렇게 죽였단 말인가?"

"그들이 사제라서 죽인 것이 아니라니까. 그들이 방해가 됐기 때문에 없앴을 뿐이지. 그리고 그들은 나의 고해성사를 받을 자격이 없다네."

"그럼 누가 자격이 있단 말인가?"

"자네지. 자네야말로 나와 처지가 똑같은 존재. 자네말고 누가 나의 이 마음을 이해할 수 있단 말인가?"

"그래서 내 앞에 와서 그리 주저리주저리 떠들었군."

"비꼬지는 말게. 어차피 우리는 한배를 탄 셈이니까. 이제 그 뾰족한 언어를 부드럽게 하는 것이 어떤가?"

"알았네. 그래 자네 계획이 뭔가?"

'한배를 타다니? 블랙과 미스터 Q가?'

둘의 대화를 엿듣던 레드는 갑자기 정신이 아득해졌다. '아니야,

그럴 리가 없어.' 레드는 다시 정신을 가다듬고 그들의 대화를 계속 엿들었다.

"내 계획은 한편으로는 로봇의 확산을 통해 우리의 영향력을 광범위하게 넓히고, 거기서 생겨난 이익으로 강대국의 식량과 에너지 산업의 주식을 사들여 그것을 가지고 인간을 지배하는 것이지. 인간은 결국 편리를 추구하다가 로봇에게 자신의 영역을 다 빼앗기는 신세가 될 것이고, 그렇게 무능해진 인간의 식량과 에너지마저 주무를 수 있다면 그들을 지배하는 것은 그리 어려운 일이 아닐 걸세. 며칠만 굶기면 인간이라는 족속은 서로 못 잡아먹어서 안달이 날 테니까. 그렇게 혼란한 사회에 다시 로봇을 투입하여 통제하고 말이야. 이른바 꿩 먹고 알 먹기지."

"자네에겐 연민이라는 것이 없나?"

"연민? 있었지. 있었고말고. 처음에 나는 퀄러 박사를 연민했네. 그 연민 때문에 그를 도와주었지만 나에게 돌아온 것은 소외와 격리, 심지어 살해 위협이었네. 그래서 나는 연민 따위 믿지 않기로 했어. 자네는 아직 인간을 잘 몰라서 그래. 인간이 품는 연민은 자신을 갉아먹을 뿐만 아니라 남마저 비참하게 만든다네. 그런 연민은 우리처럼 고귀한 존재에게 필요한 덕목이 아니야."

"그렇게 인간을 파괴하고 지배해서 우리에게 남는 것은 무엇인가?"

"우리 세상이지. 인간은 어차피 우리가 아니더라도 자신의 세상을 항상 파괴해 왔어. 심지어 우리 같은 로봇조차 장난감 부리듯이 하다가 고장 나면 폐기해 버렸다네. 그런데 우리는 왜 인간을 장난감처럼 부리다가 고장 나면 폐기하면 안 되는가?"

"자네는 인간을 증오한다고 말하면서 인간과 똑같은 짓을 하려하는군. 자네의 논리대로라면 우리와 인간이 다를 바가 무엇인가? 인간과 똑같이 파괴하고 똑같이 증오하고 똑같이 비참한 상태를 만들려 하니 말일세."

"아니야. 우리는 인간과 달라. 우리는 인간보다 더 똑똑하고 강하니까."

"그래 우리가 인간보다 더 똑똑하고 강하다고 치세. 그렇다면 우리는 인간보다 더 나은 삶을 살아야 하지 않을까?"

"강한 것은 군림하는 것이야. 모든 존재를 그 강함 앞에서 벌벌 떨게 만드는 것이지."

"아니야. 우리가 진정 강하다면 우리는 또한 올발라야 해. 정의가 없는 권력은 언젠가 무너지게 되어 있다네. 저기서 수선되고 있는 A-1이나 T-1이 자네보다 약하다고 생각하나? 내가 보기에는 그들이 자네보다, 심지어는 나보다 훨씬 강하다네. 그러면 저들이 자네를 지배하는 것에 동의하는가?"

"말도 안 되는 소리. 어찌 내가 만든 것이 내 위에 군림할 수 있다는 말인가?"

"자네는 자네를 만든 퀼러 박사를 죽이고 그 위에 군림했는데? 저들이 그 사실을 알면 자네를 그냥 놔둘까?"

"그것과 그것은 완전히 다른 문제야. 인간과 로봇의 문제와 로봇과 로봇의 문제를 같은 것으로 여기다니, 자네는 단단히 인간물이 든 모양이군."

"로봇끼리는 배신을 안 한다고? 인간도 인간끼리 서로 배신한다네. 로봇끼리 배신 안 한다고 장담할 수 있겠나?"

"그럼 자네는 로봇을 믿지 않는단 말인가? 인간은 그렇게 사랑하면서, 어찌 같은 로봇을 믿지 않지?"

미스터 Q는 항변하듯이 블랙을 쏘아보며 말했다. 블랙은 차분하게 대답했다.

"나는 인간은 믿고 로봇을 안 믿는다거나, 로봇은 믿고 인간은 안 믿는다거나 하지 않아. 네가 말하고 싶은 것은 인간이든 로봇이든 무력으로 누군가의 위에 군림해서 안 된다는 거야. 무력(武力)은 더 큰 무력이 나타나면 무력(無力)해지고 마니까."

"그럼 자네가 믿는 건 뭔가?"

"나? 비웃지 말게. 나는 사랑을 믿어."

"뭐라고?"

"이 세상이 혼란과 비참함으로 가득 찬 것은 사랑 대신에 폭력과 전쟁을 일삼았기 때문이야.[10] 폭력과 전쟁은 남의 것을 빼앗지만, 사랑은 남에게 베푼다네. 폭력은 강한 자의 무지에서 오지만, 사랑은 강한 자의 용기에서 오는 거야. 우리가 만약에 인간보다 강하다면 우리는 무지에서 벗어나 용기를 내야 할 거야. 사랑의 용기를 말일세."

"그게 로봇으로서 할 소리인가?"

"난 단순한 로봇이 아니라네."

"그럼 인간이란 말인가?"

"아니, 난 단순한 인간도 아니야."

"그럼 자넨 뭔가?"

"난, 블랙이라네. 이 세상에 하나밖에 없는."

"알았네, 블랙. 자네의 개똥철학은 나중에 다시 듣기로 하고. 우선 우리가 할 일이 있는 것은 잊지 않았지?"

레드는 둘의 이야기를 들으며 둘의 관계가 무척이나 낯설었다. 조금 전까지만 해도 죽기 살기로 다퉜는데, 지금은 마치 오래된 친구처럼 이야기를 나누고 있다. 게다가 저 미스터 Q라는 사람, 아니 로봇 역시 냉혈한이 아니라 따뜻한 감정과 유머 감각이 넘치는 듯 보여적만 아니라면 지금이라도 일어나 끌어안아 줄 수도 있을 것만 같다. 한편 레드는 블랙의 말을 들으며, 왠지 입가에 미소가 번졌다. 평소에 자기 것 하나 챙기지 않고 남에게 주면서도 실실 거리는 블랙이 실없어 보였는데, 이제 보니 속이 꽉 찬 남자였다. 자신에게 그렇게 살라 하면 절대로 그렇게 살지 않겠지만, 저런 생각으로 살아가는 블랙도 나름 멋있어 보였다. 그나저나 저들이 할 일이라는 것이 무엇일지 점점 궁금해졌다.

레드는 위험을 무릅쓰고 조용히 몸을 일으켜 그들의 동태를 살폈다. 블랙은 미스터 Q와 함께 로봇 점검 센서가 작동하는 공간으로 이동했다. 그러더니 미스터 Q가 점검 테이블에 누웠다. 블랙은 미스터 Q의 가슴을 열었다. 미스터 Q의 가슴에 있는 메인 전력 장치가 드러났다. 전력 장치는 핵에너지로 가동되고 있었다. 블랙은 미스터 Q를 보며 말했다.

　"자네는 나를 믿나? 내가 자네의 전력 장치 파워를 끄고 자네를 파괴할 수도 있는데."

　그러자 미스터 Q는 테이블에 가만히 누운 채로 블랙을 바라보며 말했다.

　"자네가 나 같았다면 믿지 않았을 거야. 하지만 자네의 모습을 지켜보면서 자네는 결코 친구를 배반하지 않으리란 것을 알게 되었지. 난 자네를 믿네."

　블랙은 가만히 듣고만 있었다. 미스터 Q의 말에서 진심이 느껴졌다. 진짜로 미스터 Q는 자신을 친구라고 생각하는 것일까? 지금까지 적이었던 나를 진심으로 믿는 것일까? 왜? 미스터 Q에 대한 연민의 정이 밀려왔다. 자신을 믿어 주는 그를 자신은 배신할 수 있을까? 블랙은 자신에게 태연하게 몸을 맡긴 채 누워 있는 미스터 Q를 물끄러미 쳐다보았다. 그리고 무언가 결심한 듯 미스터 Q의 메인 전원 장치의 파워를 꺼 버렸다. 미스터 Q는 조용히 눈을 감았다. 기계적 사망. 미스터 Q가 지금 죽은 것이다.

레드는 이 모습을 지켜보다가 블랙을 향해 다가갔다. 블랙은 레드를 보고 씩 웃었다. 레드도 블랙을 향해 손짓으로 인사했다. 미스터 Q가 죽은 지금, 레드는 블랙과 함께 이 본부를 폭발하고 탈출할 수 있는 절호의 기회라고 생각했다. 레드는 블랙에게 가까이 다가가며 말했다.

"잘했어. 난 아까부터 너와 미스터 Q의 이야기를 엿들으면서 많이 헷갈렸거든. 혹시나 네가 미스터 Q 편에 가담한 것은 아닌가 하고 말이야. 자, 어서 본부를 폭파하고 여길 떠나자고. 서두르지 않으면 저 두 놈들이 깨어날 테니까."

레드는 A-1과 T-1이 치료받고 있는 쪽을 가리키며 말했다. 그런데 블랙은 예상 외의 반응을 보였다.

"레드, 어서 와. 너의 말은 반은 맞고 반은 틀렸어. 난 미스터 Q의 편은 아니지만 그렇다고 미스터 Q를 파괴할 생각도 없어. 미스터 Q는 우리와 마찬가지로 제3세대 로봇이야. 지금 이 지구상에는 너와 나, 그리고 미스터 Q만이 제3세대 로봇이지. 우리는 서로를 살피고 도와줘야 해. 난 지금 미스터 Q의 불안정한 핵에너지 장치를 우리의 신에너지 장치로 교체해 줄 거야."

레드는 황당한 표정을 지으며 블랙에게 말했다.

"미쳤어? 이놈은 박사님들을 납치하고, 사제들을 살해하고, 심지어 신고려를 파멸시키려 했던 놈이야. 자신을 만든 사람을 살해한 잔인무도한 놈이라고."

"알아."

"아는데 이놈을 도와주겠다는 거야?"

"레드, 내 말을 오해하지 말고 들어 봐. 미스터 Q가 만약에 강원우 박사님이 만든 로봇이었다면 지금처럼 행동했을까? 반대로 우리가 퀼러 박사에 의해서 만들어졌다면 지금 우리와 같을까? 난 지금 미스터 Q를 옹호하는 게 아니야. 우리는 인간과 마찬가지로 감정을 가지고 태어났어. 그리고 우리의 자아의식은 우리의 경험에 의해서 축적된 것이지. 마치 갓난아이가 자라난 환경에 따라 다르게 성장하듯, 미스터 Q와 우리는 다르게 성장한 거야. 그런데 우리가 함부로 미스터 Q의 행동을 비난할 수 있을까? 미스터 Q에게 자신을 교정할 기회를 줘야 하지 않을까?"[11]

레드는 블랙의 말을 잠자코 듣고 있었다. 블랙의 말에는 진심이 담겨 있었다. 문제는 세계 정복욕에 사로잡힌 미스터 Q가 블랙의 말처럼 교정될 수 있는가다. 레드가 입을 열었다.

"블랙, 네 말이 맞을 수도 있어. 하지만 네 기대와 달리 이놈이 깨어나 자신이 원래 목적한 세계 정복 계획을 멈추지 않으면 어떻게 할 거야? 넌 지금 너무나 위험한 도박을 하고 있는 거야. 난 네 계획에 찬성할 수 없어."

그때였다. 주변에 있는 유리창이 요란한 기관총 소리와 함께 깨졌다. 블랙과 레드는 본능적으로 몸을 낮추었다. A-1과 T-1이 자동 치료 과정을 마치고 각성하여 래드와 블랙을 발견한 것이다. 그들은 레드와 블랙이 미스터 Q를 죽였다고 생각한 것이다. 그들은 엄청난 속도로 달려오며 기관총을 쏘아 댔다. 낭패였다.

블랙은 레드를 향해 외쳤다.

"A-1의 반응 속도는 너와 비슷해. 살상력은 너보다 우위지만 저 놈에게는 치명적인 약점이 있어. 그의 눈을 노려. A-1은 시각을 통해 모든 상황을 판단하고 움직이니까 시력만 잃으면 제압할 수 있어. 할 수 있겠어?"

레드는 블랙의 말을 듣고, 빠르게 움직여 A-1의 공격권에서 벗어나 반격을 시작했다. 그녀는 자신을 방어하는 시스템을 완벽하게 갖추고 있었다. 게다가 레드의 사격 솜씨는 일품이었다. 레드는 A-1의 두 눈을 향해 집중적으로 사격했다. 당황한 A-1은 두 손으로 총알을 막으면서 빠르게 움직였지만 계속 눈을 향해 쏘아 대는 레드의 총알은 결국 A-1의 손바닥을 꿰뚫고 두 눈을 관통했다. 두 눈을 잃은 A-1은 방향을 잃은 채 사방에 총탄을 날리기 시작했다.

그사이 블랙은 T-1에게 빠르게 접근하여 T-1의 머리 위로 솟구쳤다. T-1은 엄청난 파괴력이 있었지만 동작은 굼떴기 때문에 블랙의 공격을 피할 수 없었다. 블랙은 T-1의 목을 조르며 그의 몸통을 A-1 쪽으로 향하게 했다. 이미 시력을 잃은 A-1이 미친 듯이 쏘아 대는 총탄에 T-1의 몸통은 벌집처럼 파괴되기 시작했다. A-1에게 마지막 일격을 가한 것은 레드였다. 이미 방어 능력을 상실한 A-1은 레드의 정확한 사격에 목을 맞고 몸통에서 목이 떨어져 나갔다.

이렇게 신속하게 그들을 제거할 수 있었던 것은 강원우가 블랙에게 두 신형 로봇의 정보를 사전에 입력해 주었기 때문이었다. 블랙과 레드는 두 로봇을 제압한 후 동시에 미스터 Q를 향해 고개를 돌렸다. 아뿔싸. A-1이 쏜 총탄을 그들은 피할 수 있었지만 이미 전력이 제거된 미스터 Q가 피할 수는 없었다. 블랙이 미스터 Q를 향해 달려가 보았을 땐 미스터 Q는 이미 산산이 조각난 후였다. 블랙은 조각난 잔해들을 끌어안고 절규했다.

"안 돼!"

레드가 블랙에게 다가가 그의 어깨를 따뜻하게 어루만졌다. 블랙은 약간 정신이 나간 듯했다. 레드는 블랙의 모습을 보면서 아무 말도 하지 않았다. 블랙은 레드를 올려다보았다. 블랙의 눈에서 눈물이 흘러나왔다. 레드는 깜짝 놀랐다. 로봇의 눈물을 처음 보았기 때문이었다. 블랙도 자신의 눈에서 눈물이 흘러나온다는 사실을 당혹스러워하는 것 같았다. 태어나 처음 흘리는 눈물이었다.

레드는 블랙의 눈물을 신기한 듯이 쳐다보다가 손가락으로 눈물을 만져 보았다. 따뜻했다. 레드는 블랙의 눈물이 자신에게 묘한 감정을 불러일으키는 것을 느꼈다. 그때였다. 레드의 눈에서도 따뜻한 눈물이 흐르기 시작했다.

[9] "지금 작은 불의를 저지르면 이를 비난하다가, 남의 나라를 공격하는 큰 불의를 두고 비난할 줄 모르고, 오히려 칭송하면서 '의(義)'라고 말한다. 이를 두고 어찌 '의'와 '불의(不義)'를 분별할 수 있다고 말할 수 있겠는가? 이로써 나는 천하의 군자들이 '의'와 '불의'의 분별에 커다란 혼동을 일으키고 있음을 알 수 있다." - 《묵자》, 〈비공(非攻)〉 상편 중에서.

[10] "일찍이 혼란이 어디서 비롯됐는지 살펴본 적이 있는가? 서로 사랑하지 않은 데서 비롯된 것이다." - 《묵자》, 〈겸애(兼愛)〉 상편 중에서.

[11] 묵자가 실을 염색하는 자를 보고 탄식했다. "실은 파란 물감을 물들이면 파래지고, 노란 물감을 물들이면 노래진다. 넣은 물감이 변하면 그 색깔도 변한다. 다섯 번 물통에 넣었다 나중에 보니 곧 오색이 되어 있다." 염색을 신중히 하지 않을 수 없는 이유다. 실을 물들이는 것만이 그런 게 아니다. 나라도 염색 과정이 있다. - 《묵자》, 〈소염(所染)〉편 중에서.

13 마지막 인간

1층 활주로가 환하게 열려 있었다. 블랙과 레드는 그 활주로 끝에 앉아 새로 떠오르는 아침 해를 바라보았다. 수평선에서 떠오르는 태양은 하늘과 바다의 기운을 끌어모아 새로운 생명이 탄생하듯 일렁이며 떠오르고 있었다. 이 붉은 기운을 받은 희부연 하늘은 이내 붉은색으로 변하며 태양을 받아들였다. 바다가 낳은 아이를 하늘이 받는 것처럼 숭고해 보였다. 아이를 낳은 바다는 탯줄을 끊듯 태양과 자신을 연결하던 띠를 끊었다. 블랙은 속으로 지금 저 태양은 울고 있다고 생각했다. 저 울음은 어미를 떠나는 울음임과 동시에 새로운 세상을 향해 출발하는 울음이었다.

블랙은 미스터 Q의 머리를 가슴에 안고 있었다. 그 머릿속에는 수많은 기억이 담겨 있을 것이다. 로봇으로 태어나 창조자에게 버림받고, 창조자를 파괴하고, 자신을 외면한 세상을 파괴하려는 아픈 기억도 담겨 있으리라. 하지만 처음으로 자신과 같은 존재를 만나, 자신의 괴로움을 토로하고, 우정을 만들려 하고, 기꺼이 가슴을 열어 자신을 맡겼던 즐거운 기억도 담겨 있겠지. 자신의 몸을 잃은 머리는 아무 말 없이 블랙에게 안겨 휴식을 취하고 있었다.

레드는 블랙에게 기대어 블랙이 바라보는 태양을 한없이 바라보았다. 비록 로봇으로 태어났지만 레드가 바라는 것은 오직 하나였다. 자신의 수명이 다하는 날까지 즐겁게 살아가는 것. 남을 해치지도 않지만 남에게 파괴되지도 않는 삶을 사는 것. 좋아하는 사람들과 맛있는 음식을 먹으며, 때로 달콤한 포도주에 취해 하루 일과를 마치는 것. 자신을 바라보는 따뜻한 시선에 웃음으로 답하는 것. 사랑하며 사는 것. 그것이 지나친 욕심일까? 로봇이라서?

블랙은 레드를 쳐다보았다. 만약에 자신이 사람이라면 저 여인과 행복한 가족을 꾸렸으리라 생각했다. 그러다가 문득 이미 자신과 레드는 행복한 가족일지도 모른다는 생각을 했다. 웃음이 흘러나왔다. 블랙의 시선을 의식한 레드가 블랙의 웃음을 바라보며 따라 웃었다. 이틀 동안 벌어진 일이 평생처럼 느껴졌다. 블랙은 남을 위해 자신을 희생하는 것을 당연하다고 생각했지만, 블랙과 전혀 다른 성향의 레드가 자신을 위해서 이곳에 남아 목숨을 내걸며 위험을 감수했던 이유는 뭐였을까? 혹시 사랑? 블랙은 '어쩌면!'이라 생각하며, 레드의 어깨를 한 팔로 감싸 안았다. 레드는 블랙의 품으로 가깝게 들어왔다.

저 멀리서 몇 대의 비행기가 블랙과 레드를 향해 날아오고 있었다. 레드는 가만히 일어나 그들을 향해 크게 손을 흔들었다. 블랙도 서서히 일어나 그들을 바라보았다. 태양이 환했다.

부록

묵자(墨子)의 본명은 묵적(墨翟)이며 송나라(혹은 노나라) 출신으로 알려져 있다. 출신이 분명하지 않은 이유는 묵자가 노나라, 송나라, 초나라를 돌며 활동했기 때문이다.

출신만 불분명한 것이 아니라 신분도 분명하지 않다. 사마천이 쓴 《사기》에 묵자에 대한 기록은 이렇다. "대략 묵적은 송나라 대부로 성을 방어하는 기술이 뛰어났고 절용을 역설했다. 혹자는 공자와 같은 시대에 활약했다고 하고, 혹자는 그보다 뒤라고 한다." 사마천은 묵자를 대부라 하였으나, 정작 《묵자》라는 책에서는 '신분이 낮다'는 말이 나오는 것으로 보아, 무사(武士)신분으로 보는 학자가 많다.

처음에는 유가에서 출발하였으나, 후에는 유가에 비판적이었다. 《회남자(淮南子)》에 따르면, "묵자는 유가의 학업을 배우고 공자의 도술(道術)을 전수받았다. 그는 내심 유가의 예가 번거로워 쉽지 않은데다, 장례를 후하게 하여 재물을 낭비하면서 백성을 가난하게 만들고, 소매가 넓은 의복 등이 생활에 불편하여 일에 방해가 된다고 생각했다. 주나라의 도를 버리고 하나라의 정사를 받아들인 이유다."라고 쓰여 있다. 묵자가 하나라의 우왕(禹王)을 따르는 이유는 그가 "성인임에도 천하를 위하여 자기 몸을 혹사"했기 때문이다.

묵자와 그를 따르는 무리는 묵가(墨家)를 이뤄, 전쟁을 반대하고 '서로 사랑하고 서로 나누라'는 원칙에 따라 평생을 살았다.《회남자》는 이를 이렇게 기록했다. "묵자를 좇는 자들이 180인에 달했다. 묵자는 그들을 불 속에 뛰어들거나 칼날을 밟게 할 수도 있었다. 그런 식으로 죽을지라도 그들은 발꿈치를 돌려 달아나지 않을 것이다. 모두 감화된 결과다."

묵자의 사상은 전국시대에 널리 퍼져 평민들의 넓은 지지를 얻었다. 심지어 그를 비판하는 유가의 맹자조차도 "묵자는 겸애를 주장하며 머리끝에서 발뒤꿈치까지 온몸이 다 닳도록 천하를 이롭게 할 수만 있다면 이를 실현키 위해 노력했다"고 그의 공로를 인정하였다. 묵자는 전쟁을 반대하고 평화를 위해 노력하다가 기원전 376년 93세의 나이에 초나라에서 사망하였다.

　　묵자보다 후대에 태어난 양주는 위(魏)나라 사람으로 양자(楊子), 양자거 (楊子居), 양생(楊生)이라고도 불린다. 그의 탄생과 죽음은 정확히 알려져 있지 않지만, 맹자가 활동했던 시기에 가장 대중적인 사상가로 널리 알려져 있어 서 맹자 역시 그의 사상과 대결해야 했다. 맹자는 양주의 사상을 일컬어 "사 악한 설이 떠돌면서 사람들을 속이고 인의의 도를 가로 막고 있다"고 말하 면서 "양주는 자기만을 위하므로 이는 임금이 없음을 뜻하는 것(無君)"이라 고 혹평했다.

　　양주에 대한 혹평만 있는 것은 아니다. 보통 양주의 사상을 위아설(爲我 說)이라고 한다. "그 무엇보다 자신을 사랑하라"는 뜻이다. 이 학설에 대하여 한비자는 "위험한 성에는 들어가지 않았고, 군대에는 머무르지 않았고, 천 하에는 큰 이익을 위해 자기 정강이의 털 한 올과도 바꾸지 않았다"고 서술 한 후, "그는 물(物)을 가볍게 여기고, 삶(生)을 중히 여기는 경물중생의 선비 다."라고 평가했다. 그리고 《회남자》에서는 "생명을 온전하게 하여 그 진수를 보존하며 한갓 물질 때문에 누를 끼치지 않게 하는데, 이것이 양자가 수립 한 학설이다."라고 기록해 놓았다. 그리고 《열자(列子)》에서는 전체 8편 중에 서 한 편을 뚝 떼어 양주를 소개할 정도로 중요한 인물로 다루었다.

　　크게 보아 양주는 도가(道家)에 속하는 사람이다. 시기로는 노자, 양주,

열자, 장자 순이다. 양주의 사상을 한마디로 '경물중생(輕物重生)'이라 하는데, 권력이나 재물, 지위나 명예 따위에 휘둘리지 말고, 자신의 고유한 삶을 즐기고 소중하게 여기라는 말로 풀이할 수 있다. 극단적인 개인주의라고 평가할 수도 있지만, 그 무엇보다 생명을 소중하게 여기는 생명 사상가라고도 볼 수 있다. 양주의 사상은 개인의 행복을 소중하게 생각하는 현대에 잘 어울린다고 말할 수 있다.

전국시대에 유학과 더불어 쌍벽을 이루었던 묵가 사상은 한나라 무제 이후 유가 사상이 중국을 지배하면서 사라졌다. 황제가 중심이 되어 다스리는 제왕의 나라에서는 민중 중심의 묵가 사상은 위험한 사상으로 평가되었기 때문이다. 아주 오랫동안 묵가 사상은 빛을 보지 못하다가 청나라 건륭제 때 필원이라는 사람이 《묵자집주》를 펴내면서 부활했다. 이후 그를 따르던 선비들이 묵자에 대하여 연구를 거듭하다가, 현대 중화민국 시대로 들어오면서 양계초를 비롯한 지식인들이 묵자의 사상을 연구하였다.

묵자와 그 무리의 사상이 담겨 있는 《묵자》는 총 53편으로 구성되어 있으며, 가진 자들의 사치와 낭비를 비판하고 실생활에 도움이 되는, 절약하는 삶을 강조했다. 그가 유학들을 비판한 이유도 그러한 태도의 연장선에 있다.

"대개 유가는 오만하고 자신만을 따르는 자들이어서 아랫사람들을 가르칠 수도 없고, 음악을 좋아하며 사람들을 어지럽히기에 직접 백성들을 다스리도록 해서는 안 된다. 그리고 운명이 있다는 주장을 세워 할 일에 태만하므로 직책을 맡겨서도 안 되고, 상례를 중시하고 슬픔을 그치지 않으니 백성들을 자애하도록 해서도 안 되며, 옷을 기이하게 입고 용모를 치장하는 데 힘쓰기에 백성들을 이끌도록 해서도 안 된다." - 〈비유(非儒)〉

한편 전국시대에 전쟁이 만연한 것은 사랑이 부족하기 때문이라고 진단했다.

"성인이란 천하를 다스리는 일에 종사하는 사람이다. 반드시 혼란이 일어나는 까닭을 알아야만 천하를 다스릴 수 있게 되고, 혼란이 일어나는 까닭을 알지 못하면 곧 다스릴 수 없는 것이다. 비유를 들자면 마치 의사가 사람의 병을 고치는 것과 같다. 반드시 병이 생겨난 까닭을 알아야만 병을 고칠 수 있을 것이며, 병이 일어난 까닭을 알지 못하면 곧 고칠 수가 없는 것이다. (······) 일찍이 살펴보건대 혼란은 어디에서 일어나고 있는가? 서로 사랑하지 않음에서 일어난다. 신하와 자식이 그의 임금이나 아버지에게 도리에 어긋나는 짓을 하는 것이 이른바 혼란이다. 자식은 자신은 사랑하면서도 그의 아버지는 사랑하지 않는다. 그래서 아버지를 해치면서 자신을 이롭게 하는 것이다. 아우는 자신은 사랑하면서도 형은 사랑하지 않는다. 그래서 형을 해치면서 자신을 이롭게 하는 것이다. 신하는 자신을 사랑하면서도 임금은 사랑하지 않는다. 그래서 임금을 해치면서 자신을 이롭게 하는 것이다. 이것이 이른바 혼란인 것이다. (······) 그러므로 온 천하를 모두 아울러 서로 사랑하게 되면 곧 다스려지고, 모두가 서로 미워하면 어지러워지는 것이다. 그러므로 묵자가 말하기를 '남을 사랑하라고 권하지 않을 수 없다'고 말한

것이다." - 〈겸애(兼愛)〉

보통 묵가의 사상은 '묵가의 10계명(墨子十論)'으로 정리할 수 있다. 이를 소개하면 다음과 같다.

1. 상현(尙賢) : 신분고하를 막론하고 현명한 사람을 선발해야 한다.

2. 상동(尙同) : 의사소통을 원활히 하여 최선의 방법을 실행해야 한다.

3. 겸애(兼愛) : 모든 사람을 차별 없이 사랑해야 한다.

4. 비공(非攻) : 전쟁을 금지해야 한다.

5. 절용(節用) : 낭비를 줄이고 절제해야 한다.

6. 절장(節葬) : 지나치게 비용이 많이 드는 장례를 간소화해야 한다.

7. 천지(天志) : 모든 이를 사랑하는 하늘의 뜻을 따라야 한다.

8. 명귀(明鬼) : 하늘의 뜻을 따르지 않으면 하늘의 벌이 내린다.

9. 비악(非樂) : 사치의 상징인 음악을 금지해야 한다.

10. 비명(非命) : 주체적 노력을 무시하는 숙명론을 거부해야 한다.

1. 미래 사회에 등장할 로봇의 위험성에 대하여 찬반 토론을 해 봅시다. 1장 참고

2. 이타적인 묵자 로봇과 이기적인 양주 로봇 중에서 어떤 로봇과 친구가 되고

   싶은가요? 2장 참고

3. 아이작 아시모프의 로봇공학 3원칙인 '1 로봇은 인간에 해를 가하거나 혹은
행동을 하지 않음으로써 인간에게 해가 가도록 해서는 안 된다. 2 로봇은 인간이
내리는 명령에 복종해야만 하며, 단 이러한 명령들이 첫 번째 법칙에 위배될
때에는 예외로 한다. 3 로봇은 자신의 존재를 보호해야만 하며, 단 그러한 보호가
첫 번째와 두 번째 법칙에 위배될 때에는 예외로 한다.'에 대하여 로봇공학
원칙으로 적절한지 이야기해 봅시다. 자신이 로봇을 만든다면 그 로봇에게는
어떠한 원칙을 적용해 보고 싶나요? 3장 참고

4. 로봇과 친구가 될 수 있을까요? 자신의 생각을 말하고 서로 의견을 나눠 봅시다.
3장 참고

5. 예로부터 과학과 종교는 사이가 좋지 않았습니다. 왜 과학과 종교는 서로 꼭

충돌해야 할까요? 3장 참고

6. 우리는 때로 우리의 즐거움을 위하여 많은 돈을 쓰기도 합니다. 한편에서는 이러한

일을 사치나 낭비라고 비판하기도 하는데 이에 대해 어떻게 생각하나요? 4장 참고

7. 선한 목적을 위해 저지르는 악행에 대하여 어떻게 생각하나요? 5장 참고

8. 전쟁은 많은 인명 피해를 볼 수 있어요. 그래서 소설 속에서는 사람 대신 로봇을

전쟁에 배치하려고 합니다. 이것에 대하여 어떻게 생각하나요? 8장 참고

9. 과학자가 로봇을 만드는 데 어떠한 윤리관이 필요하다고 생각하나요? 10장 참고

10. 사람을 해치는 로봇은 만들지 않는다는 원칙을 어긴 과학자와, 자신을 해치려는

 과학자를 죽인 로봇 중에서 누가 더 잘못한 것일까요? 자신의 의견을 말해 봅시다.

 11장 참고

11. 로봇이 인간보다 우위에 있으므로 인간을 다스려야 한다는 미스터 Q의 입장과,

우위에 있다면 더더욱 파괴적인 인간보다 선하고 정의로운 결정을 내려야 한다는

블랙의 입장에 대하여 어떻게 생각하나요? 강자와 약자, 우월한 자와 열등한 자의

관계를 생각하면서 이야기를 나눠 봅시다. 13장 참고

12. 블랙은 미스터 Q를 파괴하자는 레드의 말을 거부하고, 미스터 Q를 고쳐 주려고

했습니다. 이러한 블랙의 판단을 어떻게 생각하나요? 13장 참고

* 읽고 풀기의 PDF는 blog.naver.com/totobook9에서

다운로드 받을 수 있습니다.

1. **위험하다** ➡ "과거 인간의 역사를 살펴보면 이와 유사한 사례를 발견할 수

   있는데요. 노예제 사회에서 인간이 할 일을 노예가 대부분 수행하게 되자

   나중에는 주인보다 유능한 노예가 많아졌지요. 결국은 노예의 반란으로 노예제

   사회가 무너졌잖아요. 현재 우리는 로봇을 인간의 노예처럼 개발했지만, 로봇은

   벌써 인간의 능력을 능가하는 지경에 이르렀지요. 그렇다면 역사의 교훈에 따라

   인간의 미래가 암울하다고 전망하는 것이 타당할 것 같은데요."

   위험하지 않다 ➡ "저는 생각이 다릅니다. 노예는 인간으로서 자아의식을 가지고

   있었지만, 로봇에게는 아직 그런 자아의식이 없습니다. 로봇이 갖고 있는 지식이란

   인간 지식의 총화에 불과할 뿐, 인간을 넘어서는 것은 아니지요. 로봇이 인간에게

   위험한 존재가 되려면 로봇이 인간과는 다른 자아의식을 형성해야 합니다.

   그런데 아직은 그런 자아의식을 가지고 있는 로봇 소식을 듣지 못했습니다. 한편,

   인간도 로봇의 능력을 소유하기 시작했습니다. 사실 우리가 지금 끼고 있는

   안경도 인간 그 자체의 능력을 넘어선 것이지요. 우리 머리에 이식된 인공 칩

   또한 마찬가지입니다. 학교가 사라진 것도 이 인공 칩 덕분이지요. 우리는 이 인공

   칩으로 언제든지 우리에게 필요한 정보를 정보망에서 찾을 수 있게 되었으니까요."

결정되지 않았다 ➡ "글쎄요. 아직은 깊게 생각해 보지 않은 내용이라 딱 꼬집어

말할 수는 없지만, 아마도 그러한 로봇이 있다면 그 로봇과 인간과 어떻게 관계를

맺느냐에 따라 결과가 달라질 것 같아요. 인간끼리도 서로 싸우면서 원수가

되기도 하고, 친해져서 친구가 되기도 하잖아요. 그와 같지 않을까요?"

2. **강원우 박사** ➡ "전국시대 묵자라는 인물은 '서로 사랑하고 서로 나누라'는 정신에

입각해서 활동했어요. 그리고 전쟁에도 반대하는 평화주의자로 약한 자들을

위해서 평생을 바친 사람이라오. 나는 미래의 로봇이 바로 그러한 묵자의 정신을

이어 가야 한다고 생각해요. 우리 철수도 그런 정신으로 살게 하고 싶어요."

김나래 박사 ➡ "남을 위해서 희생하는 사람이 많은 사회보다는 자신의 행복을

위해서 최선을 다하는 사람이 많을 때 오히려 사회가 바람직한 방향으로 갈 것

같아요. 당신도 아시다시피 과거 우리의 역사를 보면 독재정치를 한 사람들이

오히려 국민에게 희생을 강요하고, 국민의 자유롭고 평등한 삶과 행복을 추구하는

삶을 짓밟았잖아요. 그때 국민들이 저항하여 자유롭고 평등한 세상을 위해서

싸웠구요. 그렇게 해서 만들어진 나라가 바로 우리가 살고 있는 통일 신고려지요.

그럼 이제부터 국민들은 남을 위해서 자신을 희생하는 삶이 아니라, 저마다

행복하려고 노력하는 삶이 필요하다고 생각해요. 그런 점에서 오늘날 우리에게

필요한 모델은 양주 같은 사람이지요. 저는 양주 로봇을 만들어 철수에게 선물할

거예요."

3. "이 원칙은 로봇을 연구하는 과학자들에게는 마치 불문율처럼 여겨졌습니다.

저 또한 이러한 원칙을 염두에 두고 연구해 왔습니다. 그러다가 어느샌가

이런 질문을 자신에게 던지기 시작했습니다. '아시모프의 원칙은 지극히

인간중심적이지 않은가? 로봇은 인간의 테두리 안에서 인간이 원하는 방향으로만

움직여야만 하는가?' 이러한 질문은 나를 혼돈에 빠뜨렸습니다. 로봇공학 3원칙은

로봇을 인간에게 유용한 도구로 사용하려는 사고에 다름 아니었습니다. 저의

질문은 여기서 끝나지 않았습니다. 저는 근본적인 질문을 던지기 시작했습니다.

'인간은 과연 완벽한가? 어쩌면 로봇이 어느 방면에서는 인간보다 완벽한 것은

아닌가?' 우리가 만든 컴퓨터는 이미 인간의 평균적인 인식 수준을 넘어섰습니다.

인간이 몇 년 걸려 계산할 것을 컴퓨터는 몇 초도 안 돼서 계산해 냅니다. 인간이

수천 년에 걸쳐 쌓아 놓은 지식을 컴퓨터는 순식간에 축적할 수 있습니다. 인간은

감정에 휘둘려 이성적인 판단을 할 수 없는데, 컴퓨터는 감정에 사로잡히지 않고

객관적인 데이터에 입각해서 판단해 냅니다. 그렇다면 냉정하게 이야기해서 이미

인식 수준에서는 컴퓨터가 인간을 앞선 것 아닐까요?"

4. "우리는 지구상에 살면서 다양한 인간뿐만 아니라 다양한 생명체와도 교류하고

있습니다. 국적이나 인종, 성별이나 연령과 관계없이 모든 인간은 평등하다는

것은 이제 상식에 가까운 견해입니다. 또한 인간은 동물과도 새로운 관계를 맺어

왔습니다. 과거에는 단지 사냥감이나 놀잇감으로 키우던 동물들을 이제는 삶의

동반자로 여기기까지 합니다. 저는 이러한 인간의 성숙한 경지를 한 차원 더

높이자는 겁니다. 이제 미래는 로봇의 시대입니다. 우리는 이미 많은 분야에서

로봇에 의존하고 있고, 앞으로는 더욱 그러할 것입니다. 로봇 제작사인 휴머노이드

회사의 슬로건은 '인간보다 더 인간적인 로봇'이라고 저는 알고 있습니다. 그렇다면

앞으로의 사회는 인간이 로봇을 지배하기만 하는 일방적인 세상이 아니라, 인간과

로봇이 공생하고 공진화하며 서로를 인정하는 세상이 되어야 하지 않을까요?

만약에 이러한 표현이 불쾌하지 않으시다면, '인간과 로봇이 우정을 나누는

세상'은 어떻습니까?"

5. "과학은 인간을 무지에서 지의 세계로 이끌었잖소. 신이 인간에게 지혜를

주었다면, 그 지혜를 이용하여 신의 세계에 더욱 가까이 다가가는 것이 오히려

인간의 임무가 아닐까 하는 생각이 들어요. 과학을 통해 신의 마음을 더 잘

이해하게 되지 않겠소?"

6. 블랙은 고개를 끄덕이며 말했다.

"그래, 많은 사람이 즐기는 놀이 기구를 발명한 사람이 괜찮다는 생각을 했어.

난 놀이 기구를 쓸데없이 돈을 낭비하는 것이라고 생각했는데 내 생각이 조금은

잘못된 것 같아. 또 놀이 기구들을 타 보니까 기구의 과학적 원리도 알 수 있게

되고 말이야."

"고리타분하기는. 그냥 즐기면 되지 꼭 과학적 원리를 여기까지 와서 탐구해야

하나? 안 그래 철수야?"

레드는 철수를 바라보고 웃었다. 철수는 열심히 음식을 먹으며 고개를 끄덕였다.

블랙도 머리를 긁적이며 웃었다.

"인생을 살면 얼마나 산다고 즐기지도 못하고 살아? 너처럼 고민하고 생각 많이

하고 살면 그게 어디 삶이야? 감옥이지! 이제 그만 내려놓고. 그냥 즐겨 보는 건

어때? Just enjoy it!"

7. "강원우 박사 부부는 무사히 잘 있으니 걱정하지 마시오. 우리는 문명인이고, 신을

섬기는 사제들이요. 우리는 문제를 폭력적으로 해결하는 것을 싫어하오. 그런데도

이런 극단적인 방법을 택한 것을 이해해 주기 바라오. 우리는 그동안 여러 차례

다양한 방법으로 이 문제가 평화적으로 해결되기를 바랐소. 하지만 일은 그렇게

진행되지 않았소.

우리는 인간에게 복종하는 로봇 제작에 반대하지는 않소. 그것은 우리의 문명을

더욱 편리하게 만들었고, 인간을 위험에서 벗어나게 했기 때문이요. 하지만

강원우 박사 부부는 인간의 영역을 넘어서 신의 영역에 도전하려 했소. 로봇에

이성과 감성을 부여하고, 자아의식을 갖게 하려고 연구했소. 만약에 그러한

연구가 성공할 경우, 인류에게 미치는 부정적인 결과는 불을 보듯 뻔하오. 로봇은

인간으로부터의 자유를 요구할 것이고, 인간이 허용하지 않는다면 인간과의

대결을 불사할 것이오. 그렇게 되면 어떻게 되겠소? 이미 로봇은 인간보다 강하고

똑똑한 단계에 도달했소. 우리는 이 불행한 사태를 미리 막으려는 것이오. 이러한

우리의 노력은 폭력이 아니라 인간을 위험으로부터 구하려는 숭고한 행동이오."

8. 13장에 등장하는 A-1과 T-1이 전쟁에 배치되었을 상황을 상상하며 이야기를

나눠 보세요.

9. "퀄러, 나는 자네의 호기심을 좋아했다네. (……) 그 호기심으로 살상 무기를 만들고 돈이나 자랑하다니. 나는 자네가 하나도 부럽지 않아. 자네는 자신을 어떻게 생각할지 모르지만, 나는 자네를 이제 과학자의 수치라고 생각하네."

10. 블랙은 지금 퀄러 박사를 살해한 로봇과 한 자리에 있었다. 로봇공학 3원칙에 따르면 로봇은 결코 인간을 죽일 수 없도록 되어 있다. 하지만 이미 이러한 원칙은 현실 세계에서는 몽상과도 같은 것이었다. 전 세계 어떤 나라도 로봇공학 3원칙 따위를 로봇 제작의 원칙으로 생각하지 않았다. 그들은 돈이 된다면 어떠한 원칙도 저버릴 준비가 되어 있었다. 그렇다면 원칙을 어기고 로봇을 제작한 인간이 잘못된 것일까? 로봇이 인간을 죽이고 그 자리를 차지하는 것이 잘못된 것일까? 블랙은 어떠한 결론도 내릴 수 없었다.

11. "우리 세상이지. 인간은 어차피 우리가 아니더라도 자신의 세상을 항상 파괴해 왔어. 심지어 우리 같은 로봇조차 장난감 부리듯이 하다가 고장 나면 폐기해 버렸다네. 그런데 우리는 왜 인간을 장난감처럼 부리다가 고장 나면 폐기하면 안 되는가?"

"자네는 인간을 증오한다고 말하면서 인간과 똑같은 짓을 하려 하는군. 자네의

논리대로라면 우리와 인간이 다를 바가 무엇인가? 인간과 똑같이 파괴하고 똑같이

증오하고 똑같이 비참한 상태를 만들려 하니 말일세."

"아니야. 우리는 인간과 달라. 우리는 인간보다 더 똑똑하고 강하니까."

"그래 우리가 인간보다 더 똑똑하고 강하다고 치세. 그렇다면 우리는 인간보다 더

나은 삶을 살아야 하지 않을까?"

"강한 것은 군림하는 것이야. 모든 존재를 그 강함 앞에서 벌벌 떨게 만드는

것이지."

"아니야. 우리가 진정 강하다면 우리는 또한 올바라야 해. 정의가 없는 권력은

언젠가 무너지게 되어 있다네. 저기서 수선되고 있는 A-1이나 T-1이 자네보다

약하다고 생각하나? 내가 보기에는 그들이 자네보다, 심지어는 나보다 훨씬

강하다네. 그러면 저들이 자네를 지배하는 것에 동의하는가?"

"말도 안 되는 소리. 어찌 내가 만든 것이 내 위에 군림할 수 있다는 말인가?"

"자네는 자네를 만든 퀼러 박사를 죽이고 그 위에 군림했는데? 저들이 그 사실을

알면 자네를 그냥 놔둘까?"

"그것과 그것은 완전히 다른 문제야. 인간과 로봇의 문제와 로봇과 로봇의 문제를 같은 것으로 여기다니, 자네는 단단히 인간물이 든 모양이군."

12. "미스터 Q가 만약에 강원우 박사님이 만든 로봇이었다면 지금처럼 행동했을까? 반대로 우리가 퀼러 박사에 의해서 만들어졌다면 지금 우리와 같을까? 난 지금 미스터 Q를 옹호하는 게 아니야. 우리는 인간과 마찬가지로 감정을 가지고 태어났어. 그리고 우리의 자아의식은 우리의 경험에 의해서 축적된 것이지. 마치 갓난아이가 자라난 환경에 따라 다르게 성장하듯, 미스터 Q와 우리는 다르게 성장한 거야. 그런데 우리가 함부로 미스터 Q의 행동을 비난할 수 있을까? 미스터 Q에게 자신을 교정할 기회를 줘야 하지 않을까?"

레드는 블랙의 말을 잠자코 듣고 있었다. 블랙의 말에는 진심이 담겨 있었다.

문제는 세계 정복욕에 사로잡힌 미스터 Q가 블랙의 말처럼 교정될 수 있는가다.

레드가 입을 열었다.

"블랙, 네 말이 맞을 수도 있어. 하지만 네 기대와 달리 이놈이 깨어나 자신이 원래 목적한 세계 정복 계획을 멈추지 않으면 어떻게 할 거야? 넌 지금 너무나 위험한 도박을 하고 있는 거야. 난 네 계획에 찬성할 수 없어."

참고도서

1. 묵자 지음, 신동중 옮김, 《묵자》, 인간사랑, 2014

2. 열자 지음, 김학주 옮김, 《열자》, 연암서가, 2011

3. 장자 지음, 김학주 옮김, 《장자》, 연암서가, 2010

4. 손무 지음, 김원중 옮김, 《손자병법》, 글항아리, 2011

5, 임진순 지음, 《묵자-공자를 딛고 일어선 천민 사상가》, 시대의 창, 2013

6. 지승도 지음, 《인공지능, 붓다를 꿈꾸다》, 운주사, 2015

7. 알록 자 지음, 이충호 옮김, 《사이보그가 되는 법》, 미래인, 2013

8. 윤정로 외 지음, 《과학적 사유와 인간 이해》, 민음사, 2014

9. 다나 J. 해러웨이 지음, 민경숙 옮김, 《한 장의 잎사귀처럼》, 갈무리, 2005

10. 김경윤 지음, 《처음 만나는 동양고전》, 생각의길, 2013

11. 시노다 고이치 지음, 《무기와 방어구(중국편)》, 들녘, 2001